数字化

颠覆者

开创中小微企业
掘金之路

图书在版编目（CIP）数据

数字化颠覆者 / 胡浩岩著. —— 北京：中译出版社，
2024.5
ISBN 978-7-5001-7889-7

Ⅰ.①数… Ⅱ.①胡… Ⅲ.①中小企业—企业管理—
数字化—研究 Ⅳ.①F276.3-39

中国国家版本馆CIP数据核字(2024)第095476号

数字化颠覆者

SHUZIHUA DIANFUZHE

出版发行：中译出版社
地　　址：北京市西城区新街口外大街28号普天德胜大厦主楼4层
电　　话：010-68002876
邮　　编：100088
电子邮箱：book@ctph.com.cn
网　　址：www.ctph.com.cn

责任编辑：张　旭

印　　厂：三河市宏顺兴印刷有限公司
规　　格：710毫米×1000毫米　1/16
印　　张：13
字　　数：142千字
版　　次：2024年5月第1版
印　　次：2024年5月第1次

ISBN 978-7-5001-7889-7　　　　　　　定价：68.00元

浩瀚星空，岩上清泉

胡浩岩是"90后"。他们这一代年轻人赶上了时代的巨大变迁，是百年未见之大变局浪潮里的弄潮儿。"弄潮儿向涛头立，手把红旗旗不湿。"胡浩岩无疑就是这些弄潮儿的典型代表。

目前，中国的经济正处在新旧动能转换的换挡期，数字化转型是企业实现转型升级的关键。但是，数字化转型究竟该怎么转，是从供给端开始还是从需求端开始？数字化转型的创新路径在哪里？中小企业的数字化转型究竟该从哪里入手才最为高效？……这些问题是企业管理者面临的难题，答案莫衷一是。

"企业管理没有永远的答案，只有永恒的追问。"企业管理一半是科学，一半是艺术。企业管理有定式但无定法，尤其是对于数字化转型下的企业而言，向有经验的人学习可能效率更高。胡浩岩在数字化转型中积累了大量的经验：云计算实现的资源的科学分配，物联网推动的生产端的智能化管理，社交媒体实现的品牌数字化传播，从公域到私域流量转化过程中的客户需求网格化管理……实践过程丰富多彩，这些过程充满了挑战，所有经历都不是一帆风顺，而是跌宕起伏，甚至危机四伏。但胡浩岩凭借坚韧的毅力和勤奋好学的精神，让这些经历变得波澜

壮阔，精彩纷呈。

这些经历由青春的精力获得，必将因为《数字化颠覆者》这本书的分享而变为资历，而这些资历会变为所有读者的资本，这种资本就是向所有在雾中行走的企业家点亮的一盏灯、打开的一扇窗。如果你有困惑，这本书的作者胡浩岩热情邀请你来探讨一下：数字化转型与实践，或许可以这么做。

一代人有一代人的青春。中小企业的创业者已经以"85后""90后"为主流，未来"00后"也将成为创业的主力军。年轻人读年轻人的创业经历，可能会产生更大的思想共鸣。在数字化转型的工具开发方面，年轻人的创意和动力是所有企业管理者中最为积极和高效的。"90后"的胡浩岩所撰写的《数字化颠覆者》不是理论的无章堆砌，也非实践的简单记录，而是一位年轻人用自己的经历所写，并以极大的责任感和使命感无私地与读者分享的感悟。

胡浩岩的创业非常成功，他所经营的私域客户黏度很高，所辅导的企业能在一年内实现两到三倍的业绩增长，合作的客户数量也在近几年实现了三倍以上的增长。面对这样的成绩，胡浩岩从未沾沾自喜，因为他创业的目标不是单纯地追求利润和市场份额，而是发挥自己的创造力，在更大的舞台上，帮助更多的人成就真正有意义的事业。

胡浩岩把自己的事业定义为"打造私域军校"，为合作伙伴赋能数字化转型的工具和方法，让每一个人都能成为数字化颠覆者。做颠覆者何其难！首先你需要先颠覆自己，并在颠覆的过程中涅槃重生。这种嬗变的过程，是痛苦的，但却是通往成功的必由之路。既然是军校，自然

纪律严明，以身作则，胡浩岩团队对自身极近苛刻的要求、勇于向自己开炮的精神在业界有口皆碑。

数字化转型的未来之路犹如浩瀚星空，但对数字化转型的探索精神却如岩上清泉。

"星光不负赶路人，时光不负有心人。"是为序。

帅康集团原常务副总裁

刘春华

推荐序 2

在创业路上，胡浩岩一路走来，看着时代不断进步，商业的发展也日新月异，在这过程中，逐渐明白了数字化就是现在和未来的必然走势。

他想用自己的亲身经历，分享给大家，为何要踏上创业之路、为何要帮助中小微企业做数字化转型、为什么要打造"私域军校"、让每个人都能成为数字化颠覆者。

幼年的胡浩岩在内蒙古呼和浩特市长大，父母皆为高级知识分子。然而，生活并非总是一帆风顺，在他 20 岁那年，家里遭遇了不幸，一场大火把家里烧了个干净。此时的他正在国外留学，家里突发的灾难让他失去了经济来源，也让他瞬间成熟起来，学会了自力更生，学会了向生活低头。

他通过不断的努力，在国外逐渐站稳脚跟，不再依赖父母，完成了自我价值的实现。后来他选择回到祖国，想为祖国尽一份绵薄之力。他选择从事国学教育行业，因为他发现过去的运作模式和管理方式都不适应这个新的时代。面对越来越激烈的市场竞争，创新变得愈发迫切。他意识到只有通过数字化转型，才能够真正发挥个人和组织的创造力，打破传统束缚，迎接未来的变革。

在推动数字化转型的过程中，他解决了自己企业的问题，并把很多宝贵经验分享给身边的企业家朋友，为他们解决问题，创造价值。

面对新技术的涌入和业务模式的颠覆，困扰和挑战是无法避免的。然而，他正是通过数字化的手段，成功地提高了企业经营效率，拓展了市场，加强了与客户的沟通。越深入研究，他越发现数字化不再是简单的工具，而是企业持续发展的动力。

通过数据分析，企业可以更好地了解客户需求；通过云计算，企业可以实现灵活的资源调配；通过物联网技术，企业完成了生产过程的智能化管理。数字化极大地颠覆了我们的认知，并将赋予企业更大的灵活性和竞争力。他深刻认识到数字化的趋势和巨大潜力，并意识到，对它的思考不应该仅停留在企业内部的数字化管理，更应该是关注数字经济的发展和未来商业的变革。

因此，他设立"私域军校"，希望帮助越来越多的中小微企业通过数字化转型开辟新的商业前景。

创业对他而言，并非简单地追求利润和地位，而是追逐梦想和影响力的征程。他渴望发挥自己的创造力，在更大的舞台上，帮助更多的人创造出真正有意义的事业。

他之所以写下《数字化颠覆者》这本书，是因为他在实践中取得了成功。他认识到数字化不仅仅是技术升级，更是一场革命性的变革，影响着整个商业世界的运行规则。

书中分享了大量的案例和实战经验，会帮助每个企业家深刻地认识到数字化转型的重要性！数字化转型更是需要领导者的坚定决心和全

员的积极参与。数字化并非一蹴而就的过程，而是需要全员的协同努力，从领导层到基层员工都要具备数字化思维，推动企业朝着数字化方向不断迈进。

数字化转型并不是一劳永逸的事情，而是一个不断迭代的过程。技术在飞速发展，市场在不断变化，企业要保持竞争力，必须具备持续学习和不断创新的能力。这也促使他在创立"私域军校"的时候，始终注重团队的培训和发展，让每个团队成员都能跟上时代的步伐。

他在写这本书时，也是抱着对未来的一种担忧和期望。数字化时代正在加速发展，而许多人仍然对数字化的含义和趋势感到迷茫。他希望通过这本书，能够让更多的人认识到数字化的重要性，数字化不仅是对企业，更是对每个个体的挑战和机遇。只有深刻理解并迎接数字化的到来，我们才能更好地把握未来，不被时代抛弃，成为一名真正的数字化颠覆者。

我相信，《数字化颠覆者》是一本对每个人都具有启发意义的书，无论是对于创业者、企业家，还是关心数字化时代发展的普通读者，都值得一读。愿《数字化颠覆者》成为您在数字时代航行的明灯，为您的人生和事业注入新的活力！

大脑营行创始人

苏引华

推荐序 3

最近几年，数字化这个概念席卷全国，人人都在讨论"数字化转型"。我经常会被问：如何看待数字化时代？我们应该如何拥抱数字化潮流？

我的好朋友胡浩岩的新书《数字化颠覆者》很好地回答了上面的问题，我看后感慨万分。

我知道浩岩前几年在做私域流量，做得非常成功，对于这个领域有自己独到的认知和见解。但是没想到，在这本书中，他提出了"私域军校"的理念，并决定把自己珍藏的私域全流程方法以及数字化的相关落地实操在书中一一描述出来，这是一件非常值得钦佩的事情。

很多人都不清楚什么是数字化。

在我看来，对个体而言，数字化就是尝试着把一个人的所思、所想、所做等一切行为，全都拍成视频、图文等可用的数据，无论是否发布，都先形成自己独一无二的数据，这些数据将来可以被 AI 分析、运算、创作，并形成独属个人的标签。

这种标签，在未来的数字化时代，很有可能是你的专属通行证。如果你抢先一步，完成这方面的数据积累，那么你也有机会，先人一步，得到数字化浪潮带来的红利。

例如随着人工智能大模型的出现，很多人开始用自己形象的数字人进行直播和短视频拍摄。那么数字人是怎么生成的呢？这就需要将大量你过去拍摄过的照片、视频投喂给云平台，由云平台进行分析、处理、学习、模仿，提供并投喂的数据越多，生成的数字人就越逼真。

无论你是否接受这一行为，它都是人类文明发展的必然结果，大势所趋，无人可以阻挡。

当然，除了个体要拥抱数字化以外，对公司和组织而言，数字化更是每个领导者都要认真对待的事情。如何让人们可以轻松在网上了解你的产品、你的公司？如何让更精准的客户主动找到你，成为合作伙伴，或者形成一种新型的上下游供应链关系？如何把公司做小，把业务做大？这些都是在这个新时代下的新风口和新机遇，需要数字化帮助实现！

数字化针对的不仅是简单的网页、公众号、App、小程序、软件服务等领域，而是要在产品模式、商业模式、盈利模式、股权模式等公司治理和运营方面带来重大变革。

更重要的是，对企业和公司而言，代表着新的创造性工具AIGC（生成式人工智能）已经开始改变着人类发展的方方面面。我们不禁要问：人类与AI将如何共存？在AI加持下的一人制公司是否会打破一切？我们该如何成为数字化时代下的颠覆者？

你将在本书中找到答案。当然，你也可以看到一个平凡的人是如何走向成功的，看到传统文化是如何与科技相融合的，思考人在数字化时代该怎样找到自己珍贵的心，得到在数字化时代下实现共同富裕的启示，看到如何链接时空构建的智慧场域……书中的精彩篇章，正等着我

们去细细品味。

看完这本书，我相信，每个小伙伴、合伙人、创业者、企业家、领导者都将受到更普世、更核心、更智能、更创新的思维冲击，同时享受由此带来的生活和工作上的巨大跃迁。

最后祝愿你们每个人，在数字化时代遥遥领先，步步高升！

集客传媒创始人

创世易城市会客厅创始人

肖翔

目　录

第一章　数字化新赛道

一、数字时代：Web 3.0 带来的新机遇

随着科技的快速发展，我们每个人都已处在数字化的世界中，而这一切都要从"互联网"这三个字开始。

互联网始于 1969 年美国的阿帕网，最初是指美国国防部高级计划局研制的适合计算机通信的网络系统，并在此基础上发展出的覆盖全世界的全球性网络。这些网络以通用的协议相互连接，在不同国家的网络与网络之间形成串联，最终成为今天的 Internet，又称为国际互联网。

随着 50 多年的快速迭代，互联网正在经历着前所未有的变革，全世界所有的商业、经济、文化、科学、交流等都因此发生了翻天覆地的变化。

而这一切，最初始于互联网 Web 1.0 时代。这是网络的起点和基础，以内容阅读为主，我们每个用户只能被动地接收信息，个人创作者并无太多发声和参与的机会。

Web 2.0 时代的来临，开启了人们在网络上参与、创作和分享的新篇章，网络变得交互性更强，微信、抖音、小红书等 App 开始崛起，人们建立社群，分享观点，参与讨论。

Web 2.0 的这种交互式操作，改变了许多行业的商业模式。例如国内最大的网约车公司——滴滴旗下没有一辆车，却因为提供用户和司机之间的交互服务成了行业先锋。国内最大的零售电商阿里巴巴没有一件库存商品，却因为提供用户和商家之间的交互服务拥有了庞大的市场。谁掌握"交互"的秘密，谁就能引领这个时代的走向。

所以，任何可被交互的事物都如雨后春笋般冒了出来。在 Web2.0 网络下，找到可供交互的东西，并将其转换成产品或服务，通过互联网"裂变"式推广，是每个人都有机会分到的红利。

现在，Web 3.0 的曙光初现。这是一种全新的网络模式，将挑战我们关于数据所有权、隐私，以及虚拟与现实边界的长久认知。Web 3.0 是基于语义化的互联网，它能让机器更好地理解和满足人们的需求，并且模拟现实世界的感受。

更重要的是，Web 3.0 是分布式的。它突破了中心化服务的束缚，赋予用户更多参与和控制的权利。Web 3.0，或者可以称为去中心化网络，力图将数据的主权归还给我们。在这样的模式下，我们可以选择自

行保管自己的数据，并在需要的时候提供给服务商。

这意味着，这个全新的网络将由用户主导，而非以公司和大规模服务商为中心。这种模式将会打破旧有局面，让小公司、开发者甚至个人用户，都有机会在这个新的网络空间创造价值。

其实，Web 3.0 自提出以来，就是一个包罗万象的词语，任何与下一代互联网相关的概念都可以被囊括在内。例如区块链技术、去中心化应用、分布式存储、云计算、智能机器学习等，这些统统都可以被称为 Web 3.0。

如果说 Web 1.0 是网络的"可读取"阶段，用户只能被动地浏览网页，那么 Web 2.0 是网络的"可交互"阶段，用户可以与网站或其他人进行互动，形成社交网络。而将来的 Web 3.0 则是网络的"智能化"阶段，是分布式、去中心化的，使用户能安全地交互和共享数据。

说得再科幻一点儿，在数字化时代下，未来的计算机可以像人一样思考，并解释各种信息，为用户生成个性化内容，创造人们想要的各种丰富多彩的虚拟世界，并帮助他们将爱好变成谋生的手段。

软件开发再也不一定是计算机系毕业的学生才能做的专业工作，任何一个普通人都可以创造属于自己的应用程序，专业、半专业和普通用户之

间的界限会越来越模糊，"数字平权"将真正降临在每个人身上，同时这又是一个去中心化的网络，从而确保每个人的数据相互独立和安全。

过去书籍是人类文化的主要载体，现在是智能手机的"屏幕时代"，屏幕成为人类文化的主导核心。未来 20 年里，屏幕会以各种各样的形态出现，例如可以随意弯曲、折叠，以及嵌入我们的身体内，以各种新颖的交互方式带我们进入数字化世界。

此外，虚拟（或增强）现实将随着 Web 3.0 的普及而得到更广泛的应用。想象一下，你可以在家中通过 VR 或 AR 设备，进行一种沉浸式的购物，而不是像现在一样，用 2D 屏幕搜索、比较和选择产品，这会是一种怎样的体验？

上述这些，都是互联网 Web 3.0 的某个方向，当这一切都实现的时候，Web 3.0 也就有了清晰的标志和定义，将开始改变我们的社会、政治、经济模式。也许到那个时候，人们又该畅想 Web 4.0 的世界了。

我认为，数字时代特别是 Web 3.0 会给每个人带来新的机遇，同时也伴随着挑战。对于那些愿意抓住机遇、挑战固有模式的企业和个人来说，这将是一个重大的突破。

即使是一家小公司或是一个普通的网络用户，只要你敢于创新、敢

于尝试，都有机会在这个新赛道上崭露头角，从而抓住属于自己的新机遇。

二、"数字确权"：赋予企业崭新生命

很多人可能对"数字确权"的概念不是很清楚，我先给大家讲一个故事，让大家有一个形象的了解。

假设你是一个种苹果的农民。你种的苹果质量非常好，很受顾客欢迎，于是你决定开设一个摊位，在当地的农产品市场销售你的苹果。市场运营者允许你在市场里设摊，但是他们规定所有的交易都必须通过他们的支付系统进行。换句话说，所有的交易数据都被市场运营者掌控。

一开始，你没有感觉到任何问题，你的苹果很受欢迎，你赚了不少钱。但是，随着时间的推移，你开始意识到一些问题：

1.市场运营者开始提供他们自己的苹果，他们可以根据你的销售数据来调整他们的价格和策略，很快，他们就抢走了你的许多客户。

2.你想通过邮件或者手机发放优惠券给你的老客户，但是，市场运营者并不提供这个功能，即使提供了这个功能，很快你的老客户也会收到他们同样的优惠券。他们会宣称这些顾客数据是他们的，你没有权力接触这些数据。

3. 现在你开始明白，虽然肉眼可以看到的摊位是你的，但实际上，市场运营者控制了所有重要的数据，这就像他们把你的苹果园取走了。

这就是所谓的"数据被剥夺"状态，你创造的数据并不属于你。换句话说，你没有确定数据分配和归属的权力，因为市场运营者提供了大量服务器和云计算，他们合法地拥有数据。

现在，"数字确权"进入了视野。它就像是你需要一个凭证或授权，确认你拥有你的摊位（确实是你的业务），并且你有权掌控和应用所有与你摊位相关的数据（如顾客数据、销售数据等）。这就意味着你可以直接联系你的客户，根据销售数据来设定你的策略，而不受市场运营者的干扰。

此外，具有"数字确权"的你也可以选择在多个市场销售你的苹果，而不是被束缚在一个市场。你可以将你的销售数据迁移到别的市场，也可以自由地分享你的数据给你信任的合作伙伴。

我给大家讲这个故事的目的，是让我们更加直观地理解"数字确权"的含义：在数字世界里，我们需要有权控制和利用我们自己生产的数据，以此增加收益，保护我们的利益，并为更好地发展我们的业务而提供保障。

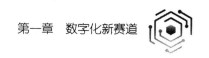

相信你现在能明白，"数字确权"使用数字化的方式来确保实体或个体的权益，使其在数字化平台或网络上获得相应的权利。

更详细地说，"数字确权"是在信息化和网络化的环境中，通过技术与法律手段，使实体或个体在虚拟的数字空间中获取和维护其相应的权益，包括但不限于知识产权、个人信息权、消费者权益等。

其实从商家的角度，过去在大平台生态中求生存，的确会面临很多不确定的风险，比如平台的规则变更、算法的调整、无预警的封杀等问题。

其中的关键问题在于，我们中小商家在平台上的数据资产，包括客户数据、交易数据、产品数据等都没有被充分保护和利用。我们受制于平台规则的约束，不能全面掌控这些数据，没有数据就意味着没有话语权。

这样一来，无论商家的经营如何努力，都在为平台做贡献，自身的决策和盈利空间都被严重限制。因此，未来的数字时代迫切需要通过"数字确权"，实实在在地帮助自己拥有经营活动的数据资产，有了数据的话语权，才能改变被动挨打的局面。

我再来给你举两个通俗易懂的案例。

假设你是一名社交媒体的热门博主，拥有大量的粉丝。你的每一条动态、每一张图片、每一个视频都能引发大量的评论和分享，这些都是你的"数字财产"。然而，如果社交媒体平台决定删除你的账号，或者他们发生技术故障，导致你的所有内容都消失了，那么你就失去了你的"数字财产"。

在这个情况下，"数字确权"就是赋予你权利来控制、管理和利用你的数字财产。也就是说，无论是你的粉丝、帖子、视频还是照片，你都拥有对它们的所有权。你有权将它们导出，保存在别的地方，或者分享给别人。你也有权决定你的内容被如何使用，比如是否可以被搜索引擎收录、是否可以用于广告等。

同样，假如你是一家线上零售商，你在自己的网站上销售各种商品。顾客在你的网站上的所有行为，如搜索什么商品、查看了哪些页面、购买了什么商品，以及他们的支付信息，都构成了你的"数字财产"。然而，如果你使用的支付系统、购物车软件或者网站主机出现问题，导致你失去了这些数据，你也就失去了你的"数字财产"。

这两个例子都是从现实生活的常见情况出发，尽可能地用通俗的语言让你了解"数字确权"的概念。

未来的"数字确权"主要表现在以下几个方面。

1. 数据所有权。商家的用户数据应由商家而非平台掌握。商家通过利用自己的数据，可以更好地进行精准营销和服务。

2. 数据使用权。商家不仅要拥有数据，还要有权力使用这些数据。比如商家应有权分析自己的交易数据，以优化产品和服务。

3. 数据传递权。商家有权通过合法的方式共享或传递其数据，如将其用户数据授权给第三方服务商，以提供更好的服务。

4. 数据保护权。商家有权要求平台对其数据进行充分保护，避免数据被恶意利用或泄露。

随着去中心化技术的崛起，数字身份和信誉系统变得尤为重要。一些欧洲国家开始立法，保护隐私和数据所有权。很快在"数字确权"的未来世界，商家能够实实在在地享受到数据带来的价值，提高自身的运营效率和盈利空间，同时也有更大的自主权和安全感，从而能更好地经营。

个人和组织将享有更多的数据权利，自由地访问、管理、控制、分享和交易他们的数字财产。"数字确权"将赋予消费者更大的权利，推动竞争，鼓励创新，同时也将提高网络的安全性和透明度。

随着 Web 3.0 的快速推进、"数字确权"理念的逐渐普及，人们将进一步深化对个人数据的了解，并将形成新的经济模型和商业模式，聚焦个人数据的利用和交换机制。对此，政府也可能会设立相应的法规保障个体的数据所有权，保障进程的有序发展。

当然，"数字确权"也会带来新的挑战，比如如何防止数据滥用、保护用户隐私不被泄露、确保数据的准确性等。我们必须在赋予用户权利的同时，也强化他们的责任感，让他们理解自己在网络空间的行为对社会整体可能产生的影响。

我确信，未来的"数字确权"将是一个同时具有潜力、机会和挑战的世界。

三、"智能契约"：信任与自动化的新形式

现在，让我们再来聊聊"智能契约"。它是一种运行在区块链上的计算机程序，能够在没有第三方的情况下自动执行合同的条款和条件。

"智能契约"的工作方式是，当预定的条件被满足时，合同将自动执行预设的行动。换句话说，它们是用代码写成的、可自行执行和自行验证的合同。

在传统的合同中，需要人们去执行合同中的条件，比如付款、交付

货物等。而且，如果有一方违约，则需要通过法律手段去执行。这个过程可能会很复杂，而且成本高昂。

而"智能契约"则可以大大简化这个过程，它们可以自动执行和验证合同的条件，从而降低执行合同的成本和复杂性。

我来给你介绍一个具体的"智能契约"的案例。

Slock.it 是一款以太坊平台的应用程序。该平台通过"智能契约"将共享经济和物联网（IoT）结合在一起。其操作方式是人们可以通过Slock.it 平台租用或共享各种物品，如自行车、住房，甚至汽车，所有这些都是通过"智能契约"实现的。

例如，假设你有辆汽车，希望在不使用时出租。你可以将车与Slock.it 平台连接并设置"智能契约"，契约规定只有当某人支付了正确的租金后，他才能解锁并使用这辆车。当租户支付租金后，契约将自动启动汽车，使租户可以驾驶。而在租赁期结束时，汽车将自动上锁并归还给你。整个过程自动执行，无须任何人工干预。

这个例子详细阐明了"智能契约"的应用。首先，汽车的所有者和租户都能在没有第三方租车公司的情况下达成共识，且双方不需要见面，也不需要签订合同。其次，由于"智能契约"的存在，其他人在没有经过汽车所有者允许的情况下，无法开走汽车。因为钥匙是由"智能

契约"控制的，只有当支付被验证后，才可以开走汽车。最后，"智能契约"自动化了支付和租赁服务的过程，大大提高了效率。

我举这个案例，就是告诉大家"智能契约"在现实世界中的实用性。无论是对个人还是企业，它都是一种具有革命性的技术，可以自动执行和验证交易，降低成本，提高效率，同时也为构筑信任和诚信提供了新的可能性。

国内在"智能契约"应用方面已经有一些行业领先的公司，如阿里巴巴、京东、腾讯、华为等。而我辅导的部分中小企业主，也已经开始通过一些"智能契约"平台尝试这种高效且全自动化的工作模式。

阿里巴巴：在其阿里云平台上，阿里云区块链服务 BSN（Blockchain Service Network）集成了"智能契约"功能，业务双方可以在此编写、部署、操作"智能契约"，提升业务流程的自动化水平。

京东：京东区块链反造假平台使用了"智能契约"来保障商品的真实性。通过将每一环节（生产、运输、仓储、售后等）的信息录入到"智能契约"中，购物者扫描商品二维码，即可查询到商品的所有信息，从而确保商品的真实性。

腾讯：在供应链金融方向，腾讯应用区块链"智能契约"自动执行

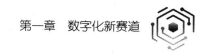

收付款项，提高了企业的资金使用效率。

"智能契约"相当安全，其建立在去中心化的区块链底层架构上，有下述几个特点。

1. 不可篡改。"智能契约"一旦部署，在没有预设自我修改函数的情况下，无法被修改，保证了契约内容的不可篡改性。

2. 透明性。所有的"智能契约"逻辑和数据都存储在区块链网络中，任何网络参与者都能够查看，提高了交易的透明度。

3. 自动执行。当契约里设定的条件被触发时，"智能契约"会自动执行相对应的操作，这消除了人为的错误和欺诈行为。

4. 审计。可以通过"智能契约"的代码审计，来保证其逻辑的正确性和安全性，进一步增强参与方的信任。

需要注意的是，"智能契约"的信任营造也需要依赖业务和程序的正确设计，因此企业在使用"智能契约"进行业务处理时，应该对业务有扎实的理解，并识别可能的安全风险。

现在，我们可以想象这样的未来场景。

假设有一个农夫和一个面包师傅，他们两个都使用一个基于区块链的市场来交易。农夫答应每周送一箱麦子给面包师傅，而面包师傅答应

每次收到麦子后，付给农夫一定的款项。

他们将这个交易写成了一个"智能契约"，契约的条件是，一旦面包师傅的数字钱包收到麦子的数字凭证，这个"智能契约"就会自动从面包师傅的数字钱包中划款到农夫的数字钱包。

每周，农夫都会把麦子送到面包师傅的面包店，并在区块链市场上标记这个麦子已经交付。这个行为就触发了"智能契约"，"智能契约"自动把钱转到农夫的账户。在整个过程中，没有第三方参与，也不需要人工操作，所有的交易都是自动化的。

这个故事告诉大家"智能契约"是如何工作的，以及它们是如何改变交易方式、提高效率、降低成本的，而且在没有第三方的情况下，也能保证交易的安全和可信度。

未来，"智能契约"有望应用到很多领域，如供应链管理、财务、医疗、房地产等，甚至随着"智能契约"的进一步推广，未来可能会应用到立法和监管上，并会有更多的自动化契约监管其使用和执行。

在数字化时代下，"智能契约"和人与人之间的信任会产生一种全新的形式，它使得在没有第三方参与的情况下，不认识的人们也能彼此信任。因为他们知道，只要合同的条件被满足，合同就会被执行，"智

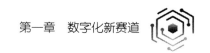

能契约"实现了交易的自动化，提高了效率，降低了成本。

数字化正在颠覆我们的传统认知，我们需要提前认知并适应这种过程。我的团队可以帮助你定制属于你的"智能契约"。

四、链接力：连接千万算力的智能算法

一旦有了上面的技术，智能算法也将开始崭露头角，其实在现代社会，智能算法已经深深嵌入了我们的日常生活中。无论是购物推荐、短视频推荐、自动驾驶汽车，还是天气预报、股票市场分析，智能算法的应用无处不在。

然而，智能算法的强大功能并非仅限于这些表面的应用，更重要的是它们的能力——链接力。它们能连接千万算力，形成一个全球性的计算网络，为人类创新与发展提供无限可能。

链接力的实质是将分布在全球各地的算力资源进行高效链接，以执行复杂的计算任务。借助于高速互联网和云计算的技术，这些算力资源能够共同工作，形成一个超级计算机网络。在这个网络中，智能算法就像是这个庞大网络的"大脑"，对信息进行分析、处理和决策。

例如，科研工作者可以借助这种链接力，运行复杂的气候模型，预测全球气候变化的可能情况。医疗研究者可以利用这种链接力，进行大

规模的基因序列分析，寻找治疗疾病的新途径。在工业制造、金融服务、市场营销等领域，链接力都发挥着重要的作用。

然而，要实现这种链接力，必须解决一个重要的问题：如何保证智能算法的可信性。毕竟，如果我们不能信任智能算法的结果，那么所有的计算力都将毫无意义。

为了解决这个问题，全球各类的研究人员提出了各种各样的解决方案。其中最重要的一种是通过区块链技术和"智能契约"来实现。区块链技术的特点是它的数据不能被篡改，一旦数据被写入，就无法被更改。而"智能契约"则可以自动执行契约中设定的条件，确保了智能算法的公正性和公平性。

下面通过两个故事让大家更进一步地了解智能算法的工作原理。

第一个故事：故事的主角是一个名叫 Tom 的小男孩，他最喜欢的玩具是他的乐高积木。他经常会花很长时间去构建复杂的城堡、车辆或者机器人，但是他有一个问题——他经常找不到他需要的那一块积木。他的乐高积木太多太多了，而且每次玩完后都乱七八糟的，要找到一块特定的积木就像在沙滩上寻找一粒沙子。

于是，Tom 的父母给他买了一个特殊的礼物——一个名叫"AI-Bot"

的智能小机器人。AI-Bot 使用了所谓的"智能算法"来帮助 Tom 找到他需要的积木。

当 Tom 第一次对 AI-Bot 说"我需要一个红色的 42 号积木"时，AI-Bot 就开始在乱糟糟的积木堆中寻找。开始的时候，AI-Bot 并不知道什么是"红色的 42 号积木"，所以它会犯很多错误。但是每次 Tom 告诉它犯错了，它就会"学习"什么是"红色的 42 号积木"，并在下一次尝试中改正错误。

随着时间的推移，AI-Bot 变得越来越擅长找到 Tom 需要的积木。它甚至可以在 Tom 还没有说出他需要什么积木的时候就预测出来，因为它"学习"到了 Tom 在构建某些模型时的模式。

这就是智能算法的基本原理。就像 AI-Bot 一样，智能算法通过不断的尝试和学习，逐渐提高了解决问题的能力。它们可以帮助我们在海量的数据中找到我们需要的信息，可以预测我们的需求，甚至可以帮助我们发现我们自己都没有意识到的模式和规律。

第二个故事：在一个小镇上，住着一只叫作 Max 的小狗。Max 非常喜欢吃骨头，每天都会在镇上的各个角落寻找新的骨头。

刚开始，Max 会随机地在镇上的各个地方找食物。在有些地方它找

到了骨头，在有些地方则什么也没有。每当它找到骨头，它都会非常高兴，并记住这个地方。

时间久了，Max 便发现了一些规律。比如，它发现在肉店附近和垃圾桶旁边找到骨头的机会最大。同时，它也发现在草地和花园中找到骨头的机会相对较小。

这就是一个基本的智能算法的例子。Max 在寻找食物的过程中，通过不断试错、学习和调整策略，逐渐形成了一个"预测模型"，Max 可以根据过去的经验来预测哪些地方最可能找到食物。

这不得不让我感叹，这和人类的成长过程何其相似啊。当我们谈论"智能算法"时，我们实际上就是在谈论像 Max 找骨头那样的过程，但它更加复杂，能处理更大量的数据，解决更复杂的问题。这些算法能学习到的规律和模式，能帮助我们做出预测，进行决策，甚至自动执行一些任务。

智能算法就像一只寻找骨头的狗，只不过它们的"骨头"是大量的数据，"找骨头"的过程则是学习、预测和执行的过程。

这就是智能算法的力量，也是它的魅力所在。希望我分享的这两个故事可以帮助大家更好地理解"智能算法"，这也是最早的人工智能（AI）的雏形。

展望未来，随着科研、工业、商业及其他领域的发展，智能算法都将发挥越来越重要的作用。我们可以期待，随着技术的进步，智能算法的链接力将会越来越强大。它们将帮助我们解决越来越多的问题，创造出更多的可能性。

连接千万算力的智能算法，不仅是一种技术，更是一种前沿的思维方式，它将推动人类社会的创新和发展，引领我们进入一个全新的数字化未来。

五、大数据与云计算：透析未来趋势和产业变革

在我们进入数字化时代的过程中，两个关键性的技术，大数据和云计算，不仅在推动技术进步，也在不断地改变我们的生活和工作方式。它们为全球各行各业的人们提供了无限的可能性，推动了产业变革，并预示着未来的发展趋势。

在讨论未来趋势和产业变革之前，我们首先需要理解大数据和云计算的基本定义以及它们之间的关联。

大数据，顾名思义，指的是那些过于庞大和复杂，无法通过传统的数据处理软件来进行处理的数据集。这些数据来自互联网、社交媒体、传感器、工业机器、人工智能等。

与此同时，云计算是一种通过互联网按需提供的计算服务，包括服务器、存储、数据库、网络、软件、分析等。云计算使企业可以通过互联网访问计算资源，而无须拥有和管理物理数据中心。

大数据和云计算之间的关系是密切且互补的。大数据需要大量的存储和处理能力，而云计算提供了一种经济和高效的方式来满足这些需求。同样，云计算的发展也受益于大数据带来的需求驱动。

根据大数据和云计算的未来趋势，我们可以看到一些明显的发展轨迹。

1. 数据驱动的决策制定。企业将更加依赖数据驱动的决策制定。通过对大数据的分析，企业能够更准确地理解消费者需求，优化产品和服务，提高工作效率，降低成本。

2. 实时分析和决策。随着技术的发展，对实时数据的处理和分析将变得越来越重要。这将为企业提供实时的洞察，帮助它们做出更快、更准确的决策。

3. 人工智能和机器学习的整合。大数据和云计算将与人工智能和机器学习结合得更紧密。这些技术将帮助企业自动化处理大量的数据，提取有价值的洞察，优化业务流程。

让我再用一个简单的故事帮助大家更进一步了解大数据和云计算

技术。

比如，名叫小张的快递员，每天需要为许多客户送货，因此他需要记住每个客户的名字、地址、购买的商品、购买的时间等信息，这就像是他需要处理的"数据"。

随着业务的发展，小张的客户越来越多，他必须处理的信息也越来越多。这些信息的数量和复杂性如此之大，以至于他无法仅凭自己的记忆和普通的记录工具（比如纸和笔）来处理。这就是他遇到的"大数据"。

于是，小张想到了一个解决方案。他购买了一个巨大的仓库（我们可以把这个仓库想象成"云"），并雇用了一些人（我们可以把这些人想象成"算力资源"）来帮助他管理这些信息。他雇用的人（算力）将所有的信息整理、分类、存储在仓库里，并且根据需要来查找和分析这些信息，这就是"云计算"。

通过使用"云计算"，小张不仅能够有效地管理他的客户"大数据"，还能通过分析这些数据来优化他的业务。

比如，他可以知道哪些客户更喜欢购买哪些商品，什么时间是他们的忙碌时间，以及他应该如何规划路线来更有效地送货，等等。

上面我简单地解释了大数据和云计算的基本概念。在实际情况中，大数据和云计算涉及的数据的规模和处理的复杂性远超过这个故事，但是基本的理念是相同的。

我们使用云计算来存储和处理我们无法单独处理的大数据，以帮助我们更好地理解和优化我们的业务。未来，大数据和云计算会在各个领域崛起，并带来深刻的产业变革。

在医疗领域，通过大数据分析，医生可以更准确地诊断疾病，制定治疗方案。而云计算则使远程医疗、实时监测和个性化治疗变为可能。

在零售业，大数据和云计算使企业能够更好地理解消费者行为，预测市场趋势，实现个性化推荐营销。

在制造业，大数据和云计算的应用可以优化生产流程，提高效率，降低成本。此外，它们还可以帮助企业预测设备可能发生的故障，减少停机时间。

在金融服务行业，大数据和云计算使风险评估、信贷决策、欺诈检测等变得更为精确和有效。

大数据和云计算的发展不仅正在改变我们的生活和工作方式，也正在塑造未来的趋势和产业变革。这两个技术的结合，加上人工智能和机器学习的进一步整合，将带来无限的可能性，推动未来的创新和发展。

我们期待大数据和云计算未来的发展，并看到它们将如何继续推动产业变革，创造新的可能性，为我们的数字化生活带来更多的便利和价值。

六、人工智能（AI）：改变生活的核心驱动力

人工智能又被称为"AI"，是 Artificial Intelligence 的缩写，是全新的计算机技术科学，主要目标是创建和应用智能机器。这些机器能够模仿或超越人类的思维和行为，包括理解语言、识别图像、解决问题，甚至学习新的技能。

一个更通俗的理解是，人工智能就像是让机器拥有"思考"的能力，使得机器能够像人一样进行决策、解决问题、理解和生成语言，甚至具有创新的能力。

现在我们的生活中就有很多初级形态的人工智能，例如我们每个人手机里的语音助手就属于人工智能，而我前面提到的"智能算法"也属于人工智能的一部分。

假设你是一名勤奋的大学生，一天，你发现你的日程安排得越来越紧，你开始发现很难记住所有的课程、实验、论文和社交活动。这时，

你想起你的智能手机里有一个 AI 语音助手。

你开始试着和这个 AI 语音助手交流，告诉它你的课程时间，论文截止日期，你的朋友的生日，还有你的健身计划。你的 AI 语音助手开始学习你的日程，分析你的时间安排，然后给你提供建议。它会在你的课程开始前提醒你准备上课，会在你的论文截止日期前的几天提醒你开始写论文，会在你的朋友的生日那天提醒你送礼物，甚至会在你健身的时间提醒你去健身房。

在你和 AI 语音助手的交流过程中，它甚至开始理解你的习惯、你的喜好和你的需求。比如，它发现你经常晚上 10 点后还在学习，所以它会在那个时候为你播放轻松的音乐，帮助你放松。它还发现你喜欢吃日本料理，所以在你不知道吃什么的时候，它会推荐你附近的日本料理餐厅。

这就是人工智能的一个应用实例。AI 语音助手利用了人工智能的技术，通过学习和理解你的行为和需求，来为你提供个性化的服务和建议。在这个过程中，AI 语音助手像一个智能的管家，帮助你管理生活，使你的生活变得更加轻松。

人工智能就是让机器能够像人一样思考和行动的技术。虽然现在的人工智能还达不到像人一样的思考水平，但是它已经在很多方面为我们的生活带来了便利。

目前，人工智能已经渗透到我们生活的各个层面，成为改变我们生活的核心驱动力。从智能手机的虚拟助手到自动驾驶汽车，从预测疾病的医疗系统到定制的个性化学习路径，人工智能已经极大地改变了我们的生活方式、工作方式，甚至我们思考问题的方式。

AI 的发展历程是由一系列创新和突破组成的。这些创新和突破推动了计算能力的提升、数据采集的提高和机器学习算法的进步，使得 AI 成为现代生活不可或缺的一部分。

AI 的核心在于它的学习能力和推理能力。通过训练和学习大量的数据，AI 能够从中创建模式，进行预测，甚至在某些情况下，创造出全新的解决方案，这种能力使 AI 在各个领域都发挥了重要的作用。

未来，在医疗领域，AI 系统通过分析患者的医疗记录、基因数据和生活习惯，可以预测患者可能出现的疾病，并提供个性化的治疗建议。在教育领域，AI 可以分析学生的学习习惯和成绩，为他们提供定制化的学习路径，使他们能够更有效地学习。在交通领域，自动驾驶技术利用 AI 进行环境感知和决策，使得驾驶更加安全和高效。

然而，AI 的发展也带来了一系列挑战。例如，AI 决策的透明性和公平性问题，人工智能对就业的影响，以及人工智能可能被用于不道德或者非法的目的。为了应对这些挑战，我们需要在技术进步的同时，制定

合适的政策和法规，以确保 AI 的发展能够造福社会，而不是带来伤害。

人工智能是一个深刻而复杂的话题，它涉及科技、经济、社会，甚至哲学等多个领域。但是，通过深入研究和探索，我们有信心能够理解和利用好这个强大的工具，使其为我们的生活带来积极的改变。

AI 是未来数字化时代下的核心驱动力，而我们的任务，是明智地利用这种力量，确保它能够为我们的社会带来最大的利益。在这个过程中，我们需要不断地学习、探索和创新，以应对 AI 带来的挑战，也要全力拥抱 AI 带来的机遇。

目前，AI 的发展才刚刚开始，而在未来，我们将看到更多的创新和突破，它们将继续改变我们的工作和生活，甚至改变整个社会的运行方式。

而我们每家企业也将要面对这些新工具、新技术，一起进入数字化的新赛道，定义数字化的目标，理解数字化的运行模式，选择合适的数字化工具，管理重要的数字化资产，培训更多掌握数字化的员工，做好数字化的安全和风险防控。

让我们一起期待这个充满可能的未来，发现数字化的无限可能，一起探索 AI 作为生活的核心驱动力所能带来的商业变化，以创新为驱动，在数字化的新赛道上取得新的成功。

第二章　传统企业数字化转型之路

一、变革危机：数字化转型面临的挑战和机遇

在这个快速变化的世界，传统的中小微企业面临着无数挑战和机遇。在所有的挑战中，数字化转型无疑是最为紧迫的一项。有很多企业问我：面对这种变革危机，我们企业究竟要不要拥抱数字化呢？

答案很明显，必须拥抱，原因有以下几点。

首先，数字化是现代企业的发展趋势。无论是提升效率，优化流程，还是强化客户体验，数字化都起着无可替代的作用。如果企业不跟上这一趋势，就可能会被竞争对手甩在后头，甚至面临生存的危机。

其次，数字化可以为企业创造新的市场机会。利用大数据和人工智能等技术，企业可以发现并利用之前无法触及的商机。此外，数字化还能帮助企业更好地理解和满足客户的需求，从而提升竞争力。

然而，拥抱数字化并不意味着盲目地跟风，而是需要有针对性地进

行。在这个过程中，企业需要有清晰的数字化战略，包括明确的目标、详细的计划和专业的团队。

同时，企业也不能忽视数字化带来的风险，例如团队的稳定和能力问题、数据的安全和隐私问题、技术的更新换代问题等。对于这些问题，我建议每家企业都要提前做好准备和应对方案。

总的来说，拥抱数字化是企业应对变革危机的关键。只有勇敢面对和拥抱这个挑战，企业才能在这个竞争激烈的市场中立于不败之地。当然，这需要企业有高瞻远瞩的眼光，有胆识和决心，也需要专业的团队和策略。只有这样，企业才能真正从数字化转型中获益，并最终实现持续的成功。

我给大家讲三个企业数字化转型的故事。

1.卡车制造巨头沃尔沃的数字化转型

沃尔沃是一家拥有近百年历史的卡车制造商。然而，随着时间的推移，传统的制造业逐渐面临困境，特别是在信息化、网络化的趋势下，不变革就可能被淘汰。

于是，沃尔沃决定拥抱数字化。它利用物联网（IoT）技术，将每一辆卡车都变成了一个移动的数据中心。这些卡车在行驶过程中，会实时收集和发送包括行驶路线、油耗、机械磨损等各种数据。

这些看似普通的数据，经过大数据分析和人工智能算法处理后，可以帮助沃尔沃做出许多以前无法做到的事情。比如，它可以根据每辆卡车的行驶数据，预测何时需要进行维护，以避免突发的机械故障。它可以通过分析各种行驶路线和油耗数据，提出最经济、最环保的行驶方案。还可以根据算法来进行最合理的运营调度和实时管控，将效率提升数倍。

通过拥抱数字化，沃尔沃不仅提升了生产效率，降低了运营成本，还增强了对客户需求的响应速度和准确性。所以，尽管转型过程中会有许多挑战和困难，但只要有正确的策略和决心，企业完全有可能成功应对变革危机，实现持续的发展。

2. 娱乐巨头迪士尼的数字化转型

这是一个非常成功的案例。迪士尼早期是以生产动画片和电影，以及经营主题公园为主业。然而，随着互联网和移动设备的普及，人们观看影视作品的方式发生了很大变化。因此，迪士尼开始进行数字化转型。

迪士尼创建了自己的流媒体平台 Disney+，向消费者直接提供电影和电视剧的在线观看服务。这一转型的机遇在于，迪士尼可以直接和 C 端消费者接触，更好地了解和满足他们的需求，并且制定出更优质的电视

剧和影片，同时也不再需要依赖第三方分销渠道。

但挑战也是显而易见的，比如需要建设和维护复杂的技术基础设施，处理大量的用户数据和网络安全问题，以及与 Netflix、Amazon Prime 等强大的竞争对手抗衡。

3. 诺基亚的危机

诺基亚在移动电话领域曾经是世界上最大的制造商。然而，随着智能手机和数字化的兴起，尤其是苹果 iPhone 和基于 Android 系统手机的普及，诺基亚的市场地位迅速下滑。

之后诺基亚试图进行数字化转型，推出了自己的智能手机操作系统 Symbian，但是已经错过时机，为时已晚，最终由于转型缓慢，高层重视程度不够，从而无法与 iOS 和 Android 竞争，失去了市场老大的地位。

这个例子告诉我们，数字化转型是势在必行的，关键在于我们企业领导要有前瞻思维。而且即使进行了数字化转型，也可能面临巨大的挑战，比如技术创新的难度、消费者习惯的改变以及竞争对手的压力。

总的来说，数字化转型具有两面性，既有巨大的机遇，也有很大的挑战。成功的关键在于理解和应对这些挑战，并且有专业的团队或运营商帮助我们充分利用这些机遇，这样才能开辟属于我们自己的数字化新赛道。

上面这些都是大型企业的案例，那对于小型企业来说，应该往哪个方向转型、应用哪一种技术呢？

Lola's Cupcakes 是一家伦敦的小型杯子蛋糕连锁店。在 COVID–19 的冲击下，他们的实体店面临着巨大的困难。之后，他们决定进行数字化转型。

首先，他们通过建立自己的电子商务网站，提供在线订购和送货服务。其次，他们也通过社交媒体平台进行营销，提升品牌的在线知名度。他们还开发了一个订购蛋糕的移动应用程序，并通过这个应用程序推出了会员计划，进一步吸引和留住客户。

这种轻型的数字化转型机遇在于，他们可以绕过物理地点的限制，向更广泛的客户群体销售产品。此外，他们也可以通过数字化技术，更有效地进行市场营销和客户关系管理，从而完成"引客、留客、锁客"三部曲。

所以，对小型企业来说，数字化转型要先将业务转向在线环境。例如电子商务、移动应用和社交媒体营销，这些都是数字化转型的基础。之后，再根据业务需求，进一步采用移动应用、数据分析、自动化工具、云计算、大数据、人工智能等更先进的技术，以进一步提高效率和客户满意度。

二、实业兴国：智能制造和物联网在转型中的地位

企业数字化转型已成为提升竞争力、获得增长的重要手段。在这个过程中，我认为智能制造和物联网的重要性不容忽视。

首先，智能制造的出现，彻底改变了小型企业的生产模式。它可以通过自动化设备、机器人、人工智能和大数据等技术，实现生产过程的智能化、柔性化和精细化。

以前，许多复杂的生产任务需要人工完成，效率低且容易出错。而现在，通过智能制造，这些任务可以由自动化设备完成，大大提高了生产效率和产品质量。

例如，一家小型电子产品制造商可以使用智能制造技术，实现生产线的自动化，精确控制生产过程，提高产品质量，同时降低生产成本。

然而，智能制造并不仅仅是生产过程的自动化，还包括产品设计、生产计划、库存管理等各个环节的数字化。这意味着，小型企业可以通过智能制造，实现生产过程的全面可视化，实时监控生产状态，快速做出决策，更好地满足客户需求。此外，通过对大量生产数据的分析，企业还可以发现生产过程中的问题和改进的机会，从而不断提高生产效率和产品质量。

物联网则从另一个角度赋能小型企业的数字化转型。物联网是通过网络连接所有的物品，实现物品之间的智能化互联。这意味着，通过物联网，小型企业可以实现产品全生命周期的追踪和管理，提升服务质量，增强客户体验。

例如，一家小型食品生产商可以通过在产品包装上加入物联网设备，实现对产品从生产到销售的全程追踪。这不仅可以提高产品的安全性，也可以提供更多的信息给消费者，增强消费者的信任度。同时，通过收集产品使用数据，企业还可以更好地了解消费者的需求和行为，为产品创新和营销提供有价值的数据支持。

总的来说，智能制造和物联网为企业的数字化转型提供了强大的支持。通过智能制造，企业可以实现生产过程的自动化、精细化和可视化，提高生产效率和产品质量。通过物联网，企业可以实现对产品整个生命周期的追踪和管理，提升服务质量，增强客户体验。

但是，这两项技术的应用也存在一定的挑战，例如技术成本、数据安全、人才短缺等。因此，企业在进行数字化转型时，需要根据自己的实际情况，合理地选择和应用技术，同时积极应对挑战，以实现持续、健康的发展。

1. 西门子与智能制造

西门子是全球知名的大型综合性企业，其产品和服务涵盖了能源、工业、交通等多个领域。西门子在数字化转型过程中，采用了智能制造技术。他们构建了一个名为"Mindsphere"的物联网操作系统，可以为各种设备、系统和工厂创建数字孪生，然后通过对这些数字孪生进行实时监控和分析，预测设备故障，优化生产过程，提高资源利用率。通过这样的数字化转型，西门子不仅提升了自身的生产效率和产品质量，而且推动了德国乃至全球的工业 4.0 进程。

2. 阿里巴巴与新零售

阿里巴巴是全球最大的电商平台，也是全球最大的互联网公司之一。阿里巴巴提出并实践了"新零售"的概念，通过数据物联将线上商业、线下商业、物流等组合在一起，让消费者在任何时间、任何地点都可以享受到方便快捷的购物体验。阿里巴巴的物联网新零售模式，是它在数字化转型过程中的重要成果，大大改变了中国乃至全球的零售业态，推动了中国的经济发展，展示了实业兴国的新路径。

其实，无论是传统制造业还是现代服务业，都可以通过数字化转型，利用智能制造、数字孪生、物联网等技术，为自己的企业提升效率、创新业态，为实业兴国做出贡献。

三、信用价值：构建企业自己的数字化流量价值体系

我曾经走访了大量的公司，深刻地感受到数字化趋势已经到来，每家企业都开始意识到数字化的重要性。

其实在互联网时代下，我们对"数据"并不陌生，我们每天搜索、查询、网购、看新闻、看视频、打游戏都会产生相应的数据。

大部分人浑然不知，这些数据其实是有价值的，市场上很多互联网平台公司都会搜集这些数据，并利用数据来建立自己的价值体系。

看到这里，我不得不提醒你重视这些数据，这是数字化转型过程中非常重要的一环，每个人都要认识到"数据价值"。

1. 什么是数据价值

数据表面上看只是一种可识别的"0 和 1"符号，本身并没有什么价值，但是如果将这些数据与某个具体的行为结合起来，它就会变得有作用和有价值。

例如，你在网络上规划旅游行程，留下你的名字、电话、目的地城市、酒店价格、消费明细，这些数据表面上没有什么用处。但如果有人想知道"中国 10 月份最热门的旅游景点是哪里""某城市最受欢迎的酒

店是哪家"等信息，这些数据一下子就活跃起来，并成为不可或缺的关键依据，从而有了非同寻常的价值。

2. 数据价值有哪些

内在价值。数据本身包含的信息量越大，数据价值就越高。

市场价值。数据在市场上的价格。由于数据市场交易体系还不成熟，对于数据资产的市场价格很难判定。即使是同一类数据，在不同地区、不同市场、不同模式下其价格也不相同。

经济价值。数据对于人和社会经济的意义，是依托数据的经济行为，从产品和服务中获得的利益。

成本价值。这包括数据存储、传输、处理过程中所消耗的成本。

绩效价值。数据对于工作绩效的价值，如提高工作效率、降低沟通成本等。

商业价值。在商业活动中的数据衡量，让业务更高效、更精准、更低成本、更有据可依，更便于促进商业模式的优化和创新，更有利于商业的长期持续发展。

数据价值的多样性，决定了数据资产不能像其他资产一样可以单纯用货币来衡量，每个企业都要构建属于自己的数据价值体系。

短短几年里，云计算、大数据、5G 等技术日新月异，数据呈几何级数式增长。数据量日益庞大的同时，企业对数据也越来越重视。

当今绝大部分企业都将数据作为企业的重要资产看待。因此如何利用好数据，将数字资产转化为实际的产业化资产，激发数据价值，成为企业在市场竞争中的重要抓手。

2020 年 4 月，"数据"作为一种新型生产要素被写入中央文件；5 月，中共中央、国务院再次将加快培育数据要素市场、完善数据权属界定等重要问题纳入"顶层设计"中。

此外，美国发布的《联邦数据战略与 2020 年行动计划》以及欧盟委员会公布的《欧盟数据战略》都提到，全球各国均在迅速革新数字化新技术，争取在国家安全和国际竞争中的数据资源优势。

2020 年 3 月，中共中央、国务院《关于构建更加完善的要素市场化配置体制机制的意见》（以下简称《意见》）将数据纳入生产要素范畴，要求培育数据要素市场，促进数据资源流通。

《意见》的发布不仅将成为我国整个数据行业的跃迁点，带来非连续性繁荣的二次增长曲线，也将成为我国在当前全球新技术能力角力中的胜负手。

3. 什么是数据流量价值体系

数据流量价值体系，是一种无边界、去中心化的平台。它可以快速地链接各行各业的资源，所有的企业、商家、个体、小微商户都可以链接进来，通过云技术，拥有自己的私域 App 和数字企业。每个人都可以在这个数字化的商城中经营，因此产生的"买""卖""链接"的数据流量都会聚集在这个庞大的去中心化的云端中，最终形成链接到每个经营者的数据流量价值体系。这个数据是独立安全的，同时又是可以彼此共享的。

这种利他的链接，既打破了各行各业的边界，又打破了所有产品资源、买卖关系的边界，形成了一个你中有我、我中有你的万物互联数据流量价值体系。这和"人类命运共同体"的理念何其相似，全球商家抱团取暖，让数据流量形成大团结，共享给每个经营者，避开了平台的垄断，保证每个商家都拥有"数字确权"。

这种数据的流量化、共享化、价值化是数字化转型的基石，也是发展数字经济的必要条件。对每个经营创业者而言，打造数据流量价值体系是未来最重要的一环，它是实现数字化转型升级的关键。

自我创办"私域军校"、启动"中小微企业数字化转型扶持计划"以来，有很多企业家前来向我咨询：如何用新工具、新方法、新模式来实现企业数字化转型？

其实，加入我们这个"数据流量价值体系"，享受数据赋予我们的力量，不担心垄断，不害怕竞争，在这个数据的世界公平公正地生存，这是我们每一位数字化颠覆者都应该做的事情。

当然，在你开始重视数据、接受数据、进行数字化转型之前，我建议你先思考，如何构建自己的数字化战略。这已经不再是可有可无的选择，而是决定企业未来竞争力的关键因素。

4. 企业为什么要有数字化战略

数字化战略是企业利用数字技术实现商业目标的策略。它包括运用数据分析、人工智能、云计算等技术，以提高效率、增强竞争力、创新商业模式。

我认为，每个中小微企业都应该根据自身的业务特性、市场状况和长期目标，和专业的数字化转型公司一起确定数字化战略目标。这可能包括提高生产效率、增强客户体验、开发新产品或服务等。

以亚马逊为例，亚马逊通过与专业数字化公司合作，借助大数据和

人工智能技术，进行预测需求、个性化推荐、优化物流，得以在全球电商市场保持领先地位。

而宝马汽车公司制定了旨在提高生产效率的数字化战略，采用了机器人和物联网技术，实现了生产流程的自动化和智能化。

5. 企业如何制定数字化战略

制定数字化战略时，企业应考虑以下因素。

1）技术选型。选择符合企业需求的数字化技术，如云计算、大数据、人工智能等。

2）组织调整。根据数字化战略的需求，进行组织架构、人力资源等的调整。

3）项目管理。设定明确的时间表，确保项目按期完成。

4）执行管控。在执行数字化战略时，企业需要进行持续的监控和调整。这包括监控项目进度，根据实际情况进行调整，以及定期评估数字化战略的效果。

5）战略评估。在执行完数字化战略后，企业应进行效果评估。这包括评估数字化战略对业务效率、客户体验、企业收入等方面的影响。

星巴克在制定数字化战略时，选择了大数据和人工智能作为核心技术，调整了组织架构，设立了数字化事业部，并设定了明确的项目时间表。

通用电气在执行数字化战略时，成立了专门的项目管理团队，对项目进度进行持续监控，并根据实际情况进行调整。

而耐克通过分析数据，评估了其数字化战略对销售额和客户体验的影响，从而进一步调整和优化其数字化战略。

数字化战略的制定、执行、监控是一个动态、持续的过程，需要企业与专业的数字化公司之间有清晰的目标、合理的规划、有效的执行以及持续的评估和调整。只有这样，企业才能在数字化浪潮中立于不败之地。

了解了数据流量价值体系和数字化战略，那我们开始真正地实战吧！

四、自我诊断：数字化企业转型 80 问

企业做数字化转型和实践，首先要对自己做一次完整的诊断。下面是我根据多年的企业走访经历，整理出来的"企业数字化自我诊断 80 问"，大家可以参考，每个中小微企业都需要这种专业的分析和策略思考。

1. 基础资料

1）你的企业经营了多少年？

2）你的企业最核心的产品是什么？

3）你的企业过去 1 年的营业额是多少？过去 3 年分别是多少？

4）你目前的团队有多少人？分别描述具体岗位（市场、销售、电商、产品研发等）。

5）你的核心产品在行业排名第几？分别列出主要竞争对手。

6）你能够掌握的用户的基础信息，包括电话号码等数据有多少？

7）你目前产品的主要销售渠道是什么？其中电商的销售业绩是多少？

8）你有什么核心的产品专利吗？主要专利描述。

9）你认为企业最大核心竞争力是什么？为什么？

10）你认为目前你的企业最缺什么？亟须解决什么问题？

2. 关于行业

11）你的企业所在行业年度业绩总量是多少？市场规模有多大？

12）行业总量过去三年增长比例是多少？未来增长比例预估多少？

13）国家有什么针对你这个行业的重大政策吗？请详细说明。

14）你所在行业过去 5 年的技术变化有什么？未来 3 年会有什么技术革新？

15）消费者过去三年有重大消费习惯的变化吗？未来预判会有吗？

16）你所在行业原材料有什么核心稀缺资源吗？

17）你所在行业供应链生产、研发水平在世界范围内哪个国家最强？

18）如果给你的企业找一个参照的学习对象，你认为是谁（世界范围内找，可以跨行）？

3. 关于竞争

19）你的产品主要竞争对手是谁？注意：是产品不是企业。

20）主要竞争对手在用户眼里最强的认知优势是什么？

21）优势的反面就是劣势，主要竞争对手的认知劣势是什么呢？

22）跟你主要竞争对手产品相比，你的产品具体好在哪里？详细描述各个指标。

23）你和主要竞争对手相比，分别处于什么位置？

24）如果是打仗的话，你和主要对手应该打什么仗（进攻、防御、侧翼、游击）？

25）未来还有什么企业，或潜在的企业会跟你抢生意吗？

26）如果采取"降维攻击"的话，你会找哪个更高维度的行业或国家或企业的方法来参与竞争？

4. 关于产品

27）你当初为什么要出这一款产品（指你的核心产品）？

28）什么样的产品是一款好产品？请认真回答，不能说质量好、外观好看，而是从用户角度分析。

29）你的产品风口指数（市场大、高频次、标准化）高吗？

30）你选的产品风口是什么？用一个词来描述。

31）你的产品风口品类（比如：牙膏、手机、服装）是什么？

32）你的产品核心用户到底是谁？核心用户也就是对你产品依赖程度最深的用户。具体描述核心产品，以及每一款产品的具象用户。

33）核心用户的痛点都有什么？最痛的一级痛点是什么？（这个问题没那么简单，请从用户角度描述）

34）你的产品是如何满足用户这个痛点的？请详细描述解决原理。

35）还有谁在满足用户的这个痛点？这些解决方案用户有什么不满意吗？

36）为了满足用户的这个痛点，你是如何找到最佳解决方案的？又是如何把这个解决方案产品化的？

37）在用户眼里，你的产品是最佳解决方案吗？

38）你如何让用户感知到你的产品就是最佳解决方案呢？（就是瞬间让用户感受到你的产品好）

39）用一句话描述用户购买你产品的最强理由是什么？这个理由用户可感知吗？

40）详细描述用户使用该产品的场景是什么？

41）详细描述你的产品定义，也就是给用户的价值（三段论描述：首先描述属性，相当于产品配方；其次是给用户的好处；最后是用户使用场景）。

42）在产品研发过程中用户有参与吗？如有请描述是如何参与的。

43）站在用户角度，看到你的产品包装，能感知价值吗？

44）站在用户角度，通过你的产品名字能感知到价值吗？

45）站在用户角度使用该产品需要说明书吗？

46）站在用户角度，购买过程体验舒服吗？

47）站在用户角度，使用产品会主动发朋友圈吗？（不是要求，是自动自发）

48）你的产品定价是多少？最好有详细的产品价格表。

49）跟主要竞争对手产品相比，你的产品性价比（价值／价格）更有优势吗？

50）你多长时间迭代升级一次产品？多长时间推出一款新产品？

5. 关于引爆市场

51）你产品品类名字是什么？该名字用户可感知吗？

52）你的产品跟主要竞争对手最大的差异点是什么？这个点你公司有足够大的优势吗？在用户眼里这也是你的优势吗？

53）用户凭什么相信你？你的最强信任状是什么？

54）你品牌名字是什么？用户一听就知道是什么并能反映产品价值吗？

55）用一句话描述你的品牌，那是什么？要让用户直接可感知，并且要相信。

56）你产品主要销售渠道是什么？哪一个是销量最大的渠道？

57）你主要入驻了哪些电商平台？分别描述各个平台的销量情况。

58）你在内容电商平台（小红书、知乎、今日头条等）有入驻吗？

59）电商平台上你是如何引流的呢？请描述主要的引流方式。

60）电商三大节日（双十一、双十二、618）品类排名怎么样？

61）线上和线下你是如何融合的？如何处理线上和线上价格和渠道的冲突？

62）你的海报达到了几个目的（记住、打动、购买、转发）？

63）你的海报是否能够进入核心用户的内心呢？

64）你与上下游渠道和供应商等利益相关者的政策设计是否让用户无法抗拒呢？在行业里面政策是否具有绝对优势呢？

65）你如何实现让用户更高频地消费呢？

66）你能用几个步骤详细描述你的业务引爆流程吗？是否畅通无阻，用户全程都很舒服，毫无抗拒？

67）你有尝试过淘宝众筹或京东众筹吗？如有，效果如何？为什么？

68）你是如何掌握用户数据的？数据库存储在哪里？

69）你有建立用户社群吗？如有，请详细描述社群定位和使命，有做什么社群内容，如何经营这个社群的？用户参与度高吗？

70）你公司有新媒体账号吗？如微信公众号、微博、论坛、贴吧、百度搜索、今日头条、B站、直播等，详细描述都做了哪些账号？

71）你的新媒体账号，粉丝量分别是多少？活跃度怎么样？10万+的文章在过去1年之内有多少篇？

72）你的粉丝转换率是多少？你是如何实现销量转化的？请详细描述方法或政策。

73）你公司市场部创造了多少不同主题的内容？都是通过什么形式呈现的？

74）你公司做过哪些有效的市场公关活动？请详细描述的最成功的一次成功之道，有总结规律吗？符合你的品牌定位吗？

75）你的品牌人格是什么？每一次传播活动都符合品牌人格调性吗？

76）你都做过哪些传播活动？包括线上和线下。哪些宣传效果好呢？好的有在坚持吗？效果不太好的，采取了什么优化策略呢？

77）你开过产品发布会吗？如有，效果如何？有多少媒体报道？

78）站在用户的角度，通过你做的所有宣传物料、文字内容、产品详情页、销售话术、海报、广告视频等，用户可感知你的价值吗？

79）请你认真回顾过去所做的所有宣传活动是否都紧紧围绕产品的核心价值点和差异点？是否紧紧围绕品牌人格调性？有多少是无效宣传和浪费呢？

80）每个数字化企业的战略都要以用户为中心，围绕用户做出爆品，以爆品来引爆品牌，并不断在内部做出相关的匹配。请问作为老板的你，花多少时间来真正理解用户，又花多少时间来围绕用户设计出爆款产品？你的内部配置是否都是以用户为中心做匹配的呢？

想要让你的产品在数字化浪潮中彻底引爆，需要有人完整地帮你做出这份"数字化分析报告"，并围绕核心价格不断地优化和迭代。所有的成功都不是偶然的，需要我们每个人在背后付出大量的精力。

下面让我们来简单看看华为做的数字化战略步骤。

华为是中国最大的通信设备制造商，它采取了一系列的战略来进行数字化转型。

1. 识别问题，制定数字化战略

华为在面临全球竞争压力的同时，也看到了数字化所带来的机遇。因此，华为决定，通过数字化战略，提升研发效率，提高产品质量和服务，开拓新的业务领域。

2. 选择适当的数字化技术和工具

华为选择了云计算、人工智能和5G技术作为其主要的数字化工具。云计算用于提升华为内部的协作效率和外部的服务能力；人工智能用于提升产品的智能化程度和服务效率；5G则是华为的核心业务之一，也是其开拓新市场的重要工具。

3. 建立数字化团队并进行组织调整

华为设立了专门的数字化部门，负责公司的数字化转型工作。同时，华为的领导层也对公司进行了组织架构的调整，提升了对数字化工作的重视程度。

4. 数字化实践和应用

通过数字化转型，华为的产品和服务都得到了显著的提升，特别是在5G领域，华为已经成为全球的领导者。同时，华为的内部协作效率也得到了提升，研发周期大大缩短。

5. 持续优化和改进

华为始终保持着对新技术的敏锐洞察力和持续追求，通过持续优化产品和服务，以及研发新的数字化技术，不断推动公司的发展。

数字化转型已经成为现代企业的必然选择，成功的转型需要明确的战略、适合的技术和工具，以及持续的优化和改进。

第三章 数字时代私域密码

一、"私域军校"：商业倍增的新兴力量

我为什么想要做"私域军校"？这是怎样的概念？为什么标准化很重要？

前面我们花了大量的篇幅来阐述什么是数字化，以及数字化在企业应用中的重要性，但是对于中小微企业而言，更重要的命题是，我们到底该如何数字化，具体的落地流程、步骤、策略及工具是什么，谁来负责数字化，帮我落地执行的人才和团队从何而来。

我在与上千位中小微企业主沟通后深刻地发现，在发展中阶段的企业主并不缺乏数字化思维，甚至，企业的一把手已经意识到了数字化转型升级对企业发展的重要性，且愿意为企业数字化投入时间与金钱。

但是当下传统企业的主要矛盾在于，缺少的并不是数字化人才，而是培养和使用数字化人才的管理者。

传统企业在面对数字化转型时会面临多种挑战，这些挑战因企业的

规模、行业、文化不同而有不同的结果，我分析主要包括以下八点：

1. 文化和组织变革。传统企业通常具有较为保守的文化和组织结构，要实现数字化转型需要进行文化和组织方面的变革。员工可能需要接受新的工作方式和技术，领导层需要支持变革，并将数字化战略融入企业文化中。

2. 技术基础设施更新。许多传统企业的技术基础设施可能过时或不适合支持数字化转型。更新和升级基础设施可能需要大量的时间和资金投入。

3. 数据管理和隐私。数字化转型通常涉及大量数据的收集、存储和分析。企业需要建立健全的数据管理和隐私政策，以确保数据的安全性和合规性。

4. 技能和培训。员工可能需要新的技能和培训来适应数字化工具和技术。企业需要提供培训机会，以确保员工具备必要的数字化能力。

5. 竞争压力。市场上的数字化竞争可能非常激烈，传统企业可能需要投入大量资源来迎头赶上或超越竞争对手。

6. 投资回报和风险。数字化转型需要大量的投资，但投资回报可能

需要一段时间才能实现。企业需要权衡投资和风险，以确保数字化转型是明智的决策。

7. 客户体验。数字化转型可能会改变客户体验，企业需要确保新的数字化解决方案能够提供更好的客户体验，否则可能会失去客户。

8. 法规合规性。不同行业和地区可能有不同的法规和合规性要求，企业需要确保数字化转型符合所有适用的法规和合规性标准。

所以，数字化转型是一项复杂的任务，需要企业领导层的承诺和坚定的决心，同时也需要综合考虑技术、文化、组织和市场等多个方面的因素。但是成功的数字化转型可以帮助企业更好地适应当今不断变化的商业环境并提供更好的价值。

所谓企业的转型升级，我认为核心不是工具、产品、模式的升级，而是人才及思维的升级。

我们必须承认一个年代的人有一个年代的属性，企业不同的发展阶段必然要使用不同的人才，老班子一定做不了新业态。每个人都活在自己意识形态所设定的框架里，妄图用自己过去的认知与能力对抗时代发展的洪流，是注定会失败的。

尤其是在中小微企业的发展过程中，领导者是最直接面对市场变革和经营压力的人，也是最敏感、最知道企业发展瓶颈的人。但是如果没有强大的组织系统与企业文化做驱动，没有形成上下同心的强有力团队，大多数情况下便会出现领导者与团队脱节的状态。

领导者希望企业能够在新的领域有所尝试与突破，但是原来的班子沉溺于过去的辉煌当中，习惯了既定的工作模式与思维模型，少了对于新商业周期的嗅觉与判断。

这导致领导者的思想落不了地，想干，但是没人干。明明清楚危机所在，但是对内老的班子跟不上新的思维，对外没有信得过且合适的人来协助执行。

在企业的发展过程中，基于这样的情况，我在思考，既然传统企业最缺的是数字化人才，而我们本身是一家成熟的私域电商公司，拥有自己的人才孵化体系，那么我们是否可以建立一个"私域军校"，由这个"私域军校"专门为企业培养数字化颠覆性人才。

企业的升级，本质上是人才的升级，人才的升级，本质上是思维的升级。思维若不破框，则人才永远无法培养，人才无法培养，则企业永远无法升级。老班子注定做不了新业态，盐碱地永远种不出水稻，要想传统企业实现数字化转型升级，则必须实现"体外创新"。

数字经济已经成为当今全球经济的一个主要驱动力。互联网和数字技术的迅猛发展已经改变了商业模式，改变了消费者行为，促使企业不断寻求创新以适应新的市场条件。

传统企业正在经历前所未有的数字化挑战。在这个数字化浪潮中，私域电商崭露头角，成为企业竞争的关键因素。作为数字经济的一个关键组成部分，它已经成为商业领域的关键阵地。

然而，传统企业通常面临着数字化挑战。它们可能缺乏足够的数字化运营和市场推广知识，无法应对现代市场的需求，这导致了竞争力的下降和市场份额的流失。

传统企业迫切需要拥有数字化技能的专业人才，以帮助它们在数字化领域中取得突破。可目前最大的问题是，中小微企业对拥有数字化运营和市场推广技能的专业人才的巨大需求无法被满足。

而传统企业偏偏缺乏这些拥有关键技能的人才，这使得它们在私域电商领域的竞争力受到威胁。为了填补这一技能鸿沟，我提出了"私域军校"这一概念，旨在为传统企业培养并输送高素质的数字化运营和市场推广人才，同时为年轻一代提供进入数字经济领域的机会。

二、存量时代：私域流量矩阵的奥秘与技巧

零基础做好私域流量和项目变现，相信这是很多中小微企业，包括个人创作者都很期待的成就吧。

我猜想，很多读者都已经付费参加过不少行业大咖的课程学习，但真实的状况就是一学就懂，一用就废。对于那些想要在私域流量中突破业绩和收入的商家来说，为私域搭建变现体系，费了不少心思，但结果并不是太理想。

而在这节，我将给大家一套完整的解决方案，彻底揭秘私域流量矩阵的奥秘与技巧。

其实很多商家从一开始做私域就是接收碎片化的信息，没有闭环的逻辑。虽说业内也有不少成功案例，拆解后具备学习参考价值，但不一定具有对标的落地应用实操，因为大部分拆解的都是表面信息。再说，每一个私域项目背后商家的优势和背景条件是不一样的，完全照搬照抄，失败的概率会很高，"卡脖子"的情况时有发生，很多时候根本没法落地。在这里，我就要把私域闭环的底层逻辑给大家讲透，通过一些案例，让大家可以举一反三，真正获得流量的密码。

那么如何低成本快速掌握私域项目的盈利模型？

我认为，核心的操作步骤需要从 IP 种草、竞品调研、人群分析、选品策略、路径设计、模式设计、流量激活、增长拉新、朋友圈宣发、社群运维、短视频种草、直播搭建等 12 个环节来设计完整的私域商业闭环。

我在私域这么多年的经历基本专注在单个爆品的私域操盘上，我推出了不少千万级的爆品案例。野蛮生长的我直到今天，依然坚守一线做实操落地，运用正确有效的微信生态闭环打法。让每个人都能在私域流量池中赚到钱，这是我一直秉持的原则。

下面我就通过一个实操的知识付费案例，来拆解我上面说的 12 个私域商业运营变现的方法论，希望这些内容可以让大家掌握私域矩阵的奥秘与技巧。

这个知识付费的案例主要是做考证业务，以 B 端企业为主，自有少部分 C 端学员，年营业额 GMV（商品交易总额）在 2000 万元左右。

1. 客户的主要诉求

考证业务因国家政策的调控，市场销售额下降，学员考完证之后就和培训机构脱离连接，很多学员为了考证而考证，黏性度非常差。客户现在希望能通过从考证到技能变现的承接，在后端搭建稳健的产品复购收益模型。

2. 项目实操结果

· 15 天时间，冷启动种子激活 239 人进群

· 实际参与企微人员 142 人

· 筛选 75 人参与

· 实际 47 人参与 9.9 元课程拉新

· 3 天拉新裂变 379 人

· 社群运营 + 视频号直播变现 30W

3. 项目操作步骤

1）IP 种草

行业不同，私域的 IP 形象打造会有差异，有虚拟卡通类的，也有专家级人物类的。我个人建议，如果你是做知识付费，申请知识类博主，那么，你能做百度系人物关键词的，千万不要拖，一定要马上做。

通过有效内容的种草，是完全可以低成本实现百度霸屏效果的。大家不要觉得在私域做种草 IP，内容会很复杂。其实免费的玩法有很多，只需要你有内容和文案的输出能力，其实从操作层面来说，本身没太大的技术难度，核心还是内容。

大家也不要轻易在这个板块被一些培训机构割韭菜了，除了百度百科的关键词，我会让第三方团队配合执行之外，剩下的全部会叫品牌方自己操作，这样能确保有内容就可以不断更新。

客户过去的定位是：单一的考证业务模型。

为了重构健康教育新生态，我把项目 IP 定位成：中国营养知识技能轻创平台。

针对创始人的 IP，因为他有多年的一线实操经验，干货输出能力和问题解答能力还是不错的，我们提供了百度百科人物 IP 设计的提议，但这个操作，在一开始测试阶段，并没有落地，一直到 9 月份后才开始真正落地。这块在 5 月份的测试活动上就表现出来，在做用户口碑传播时还是有 IP 强度不足的情况。

虽说目前抖音的流量大，但并非人人都有出镜的基因去做直播内容，相对来说，在私域百度系的 IP 种草，我是极力推荐的，这包括网站、新闻源、百度三兄弟（贴吧、知道、文库）、论坛、各类自媒体网站、知乎、音频（如喜马拉雅）、视频（优酷、腾讯、爱奇艺、B 站）等，以上这一套内容布置下来，基本就可以搭建一个和人物相关的 IP 形象。

如果你是做某个产品类的，那么小红书的种草要加上，当然如果你有能力做抖音短视频，我也极力推荐你在抖音、视频号、西瓜视频、哔哩哔哩等平台放上你的短视频，真正做到全网都有你的 IP 内容，到哪都能让别人看到你并种草。

2）竞品调研

知识付费类的竞品调研，可以从平台、课程链接（分析主标题、海报、详情页、内容框架）、价格、课程节数、课程时长、用户评价、讲师、课程卖点、课程诱饵（福利钩子设计）这些维度去做分析。

另外，也可以直接对标一个已跑通的模型项目，直接拆解它们的内容来做参考；如果你的对标企业是不清晰的，那么就通过抖音搜索相关的关键词，刷到关键词后，把相关的付费投流做拆解（含投放页面、视觉文案、用户承接、社群运营、内容输出、成交方案），这样就会让自己有一个大概的基础认知。尤其是我们不少私域运营人，几乎没什么运营基础，那么用这类操作手法做详细拆解之后，就会更容易进入这个领域，靠模仿慢慢做出属于自己的精品爆款内容。

我们通过搜索百度端、微信端、抖音投放类、同行企业、知识付费App 的数据调研和分析，发现"体重管理、营养配餐、低碳饮食"等相关的内容比较热门，最终确认第一期的知识输出内容为健康减脂技术。

电商、门店类找竞品的底层逻辑也一样，把握一个原则，拆解要做像素级的，不要放过任何细节。怎么拆解，最简单的做法就是向人付费成为用户，做全流程体验，然后把每个步骤记录下。

在这个项目中，我让团队伙伴对标了一家头部的品牌公司做内容拆

解，通过拆解具体的活动海报、详情和社群运维内容，给创始人提供了非常关键和有效的参考内容。

3）人群分析

私域项目要在落地前，想清楚人、货、场的三角模型，简单理解为：你要给什么样的人提供什么样的产品解决方案。

很多想做私域的品牌方，尤其是做制造类的企业，经常会说："我有独一无二、非常厉害、行业领先的产品，看怎么通过私域来做变现？"

其实这个思维模型是不对的。私域项目要先研究流量在哪里，再去匹配产品。换句话说，人的属性决定了变现产品是什么。

这和抖音不一样，抖音是做兴趣电商，是货找人，私域的底层是结合自己的人群来匹配爆品做收益。

表 3-1　目标人群分析表

性别	男	女				
年龄	小于 25 岁	25—30 岁	30—45 岁	45—60 岁	60 岁以上	
职业	学生	宝妈	白领	上班族	创业者	老板
收入状况	负债	2—6k	8—15k	20—50k	60k—10w	10w 以上
地域	1 线城市	2 线城市	3—4 线城市	5 线后城镇		

本项目人群属性通过性别、年龄、职业、收入状况、地域这 5 大维

度筛选，确认用户画像为：

· 30—45 岁女性

· 宝妈 / 上班族 / 创业者

· 收支相对平衡

· 2、3、4 线的人群为核心目标

结合本项目人群痛点做分析，我们再罗列一些关键词。

宝妈

· 生完孩子后体型大变，一直减肥一直肥

· 带孩子在家没有收入

上班族

· 每天加班熬夜，不好减肥

· 为了搞好资源和关系，天天应酬都变胖了

创业者

· 很难找到一个领导 / 师傅带自己快速成长

· 教会了徒弟饿死师傅，职场卷得厉害

· 想学一门技能真的好难

· 学完不能落地，变现很痛苦

表 3-2　用户人群痛点分析表

人群	痛点事项	所属场景	痛点级别	痛点原因	需求提炼

人群的痛点和需求分析，主要是便于活动方案的海报、文案、详情设计，也是为了更好地做选品，这是一件急不来的事，大家可以和团队伙伴一起头脑风暴，慢慢整理出来。

4）选品策略

做私域是一把手工程，选品这个环节，是很容易出问题的地方。不少品牌方会把品牌等于品类的理念扎根在自己的内心，用情怀来束缚自己私域的变现模型，这是不可取的。

在我看来，做私域先争取跑通盈利赛道，快速地跑通变现路径，才是成功的开始。当然在这里，我也给大家分享一下私域选品的搭建逻辑，可以从以下 4 个梯度来思考：

流量品

流量品就是用原本有利润的产品，降维变成可实现流量导入的产品。主要起到的作用就是用户触达和激活。

需要的是用爆品思维来做流量品，并不是大家认为的价格低或免费属性的就可以。这类产品，要让用户有足够低的试错成本，同时教育成本也不能太高，要做到用户一听就能明白，或能做产品体验可感知价值的，方便搭建用户强信任，能远超用户期待是最佳的。当然你也可以考虑把同行盈利的产品变成自己的流量产品。

利润品

利润品就是要围绕能跑量、有复购逻辑、有利润空间（成本和销售定价建议 1:5 以上，如果有代理、业务员高提成或渠道分销模式，最好能做到 1:10 以上）。

利润品一定要做差异化的。好产品是根源，是营销的助推器。做利润品，一定要做匹配用户人群的事，找到用户最关键的一个"痛点"来做解决方案，要做一厘米宽、一公里深的事。有了一级痛点，再去考虑二级痛点的事。

打磨利润品，一定要考虑到用户如何实现复购的模型，要找专业的团队来做梳理，也可以填写我在第二章最后留给大家的企业品牌自我诊断的问卷。一款优质的产品一定不能是自我感觉良好的，而是要有数据、有证据来支撑的。

权益品

这个产品的设计是用来增加终端用户购买的可能性，尤其是做会员类的，权益品的设置越到位，效果转化也会越好。比如，到某门店购买

鞋子可以送一年 12 次洗鞋服务，这里面的洗鞋服务，就等于权益品，也能发挥增加用户黏度的作用，可作为触达用户的工具型产品。

"山不过来，我就过去"，有些优秀的权益内容，可以让工作人员有充足的理由做客户回访和维护。

若权益品不好固定的话，可以设置成每个月的活动品或动销品，目的就是促进利润品的销售。

塑价品

这个产品的设计，可以理解为永远不想着要卖，但可以标高价，市场用来做动销、买赠活动的核心产品。

比如，有个品牌方是做美体管家塑身衣的，他就设计了一款 12800 元的塑价品，主要目的就是让用户感知到：有一款产品好想拥有，但一直不能轻易拥有。

我经常看抖音知识博主的卖课变现，有头部的老师居然用 6000 元的客单产品，去送 4000 元的另一款课程，这样其实效果就很差。

塑价品和利润品最好是有衔接度的，要有让人们心动的"超级赠品"，这样市场人员做营销的时候，效果就会好很多。

每一款产品，都要拿爆品的策略来设计，这样才能轻松玩转市场，从而让每款产品在路径设计中发挥不同的价值。

我在做这个项目策划的时候，是这样设计的：

流量品就是前端 9.9 元或 19.9 元的课程，来实现 399 元和 980 元的会员转化；

利润品就是 3980 元和 9980 元的代理商或合伙人身份；

权益品就是设置了一系列的年度录播学习课程，报名考证和爆品分销的收益；

塑价品是协会价值 2 万元和 3 万元的理事和副理事长身份 IP，具体的内容会在后文模式设计板块中讲到。

路径设计

这个环节的核心，就是要做一套定制的测试运营执行方案。

用户从哪来？怎么触达实现激活？用什么内容引导参与，再促使种子用户分享带来拉新？通过内容输出搭建信任，最终按既定打法，实现各阶段的用户付费行为。

针对 0—1 的私域项目，最好一开始就有全局的思维，知道自己的流量怎么获取，存量怎么激活，我的落地方案是这样来策划的。

考虑到本项目种子流量在过去的公众号和微信号沉淀着，真正的大客户渠道其实没法触达，相当于实际可用的基础种子流量不大。

从考证到知识付费变现，过去的考证人员大部分也都是为了评级和提高职场收入而考证，大部分人考完证书就不再关心后续的事。

创始人在商业板块上的运营经验也不足，最终我们团队帮助他梳理路径，筛选出想通过技能做变现的人，路径设计逐步清晰，步骤如下：

寻找第一拨种子用户

当时我们做了两个福利，第一个福利是给原先已经考证通过的学员，只要参与活动就授予其专业委员会理事的身份（需审核，纸质邮寄），大部分人还是有增强 IP 的需求的；第二个福利是给一套涨粉变现干货资料，因为考虑已经在用技能创业的人群，在获客技能上是比较欠缺的。这样设计也能快速找到相对精准的人，方便触达存量用户。

表 3-3　×××健康——知识付费项目 1（MVP 测试期）

时间	一、种子用户启动期	
	事项	执行人
5月17日-5月22日	种子激活存量的活动诱饵设计	
	种子信任搭建的内容输出（主题、时间、海报）	
	存量成交的转化方案（定金权益+陪跑）	
	朋友圈+社群关于黄老师的 IP 推崇设计（提供见证）	
	分销裂变工具的提前体验	

微信群直播

第一波活动带来的流量会进微信群，创始人和我配合，做两天的直播分享，第一天是和专业相关的内容，由创始人自己讲；第二天是和商业相关的，由我主讲。这样相互配合，来选出愿意结合专业训练提升做商业的人，所有参与的人都免费。同时承诺参与活动的人可通过陪跑体验拿到结果，为更精准筛选，设置参与陪跑指导的人需要交付 9.9 元的费用，陪跑结束之后再退回。

新用户裂变

专业课程正式开启之前，再引导 9.9 元付费的学员参与一波引流拉新，所有付费 9.9 元学员转化的 9.9 元收益全部归学员自己，再设置排行榜的激励方案，来增强学员的强参与和树立种子的标杆，裂变活动为期 3 天，全程由我和我的团队做指导，这个环节也是快速搭建信任的过程。

表 3-4　×××健康——知识付费项目 2（MVP 测试期）

二、种子用户裂变期		
时间	事项	执行人
5 月 23 日 – 5 月 25 日	9.9 元分销裂变：种子用户背后的 C 端增长活动	
	朋友圈素材排期表 + 后台搭建活动路径测试	
	脚本设计：朋友圈脚本、社群脚本	
	社群会员权益设计（转化方案）	
	社群 + 直播特训课程制定（社群 5 天内容、直播互动、信任搭建）	

专业课上成交

通过裂变活动带来的所有用户，最终参与到专业课程的学习，实现 5 天的社群运维 + 直播的服务，最终实现会员和代理的招募。

表 3-5　×××健康——知识付费项目 3（MVP 测试期）

三、课程交付（每晚 8 点—60 分钟 / 课）每课 5000 字左右	
5 月 26 日	15:00 开营仪式（明确目标、塑造价值、活动规则）20:00 第一课
5 月 27 日	20:00—确定主题 / 内容课程 + 作业打卡（早 10:00 下午 15:00 晚 19:30）
5 月 28 日	20:00—确定主题 / 内容课程 + 作业打卡（早 10:00 下午 15:00 晚 19:30）
5 月 29 日	20:00—确定主题 / 内容课程 + 作业打卡（早 10:00 下午 15:00 晚 19:30）
5 月 30 日	20:00—确定主题 / 内容课程 + 作业打卡（早 10:00 下午 15:00 晚 19:30）
5 月 31 日	19:00 结营仪式（表彰仪式 + 奖励发放）

表 3-6　×××健康——知识付费项目 4（MVP 测试期）

四、结营表彰势能宣发 & 升单		
时间	事项	执行人
5 月 28 日 – 5 月 31 日	收集学员反馈和作业打开截图	
	学员评选表彰、荣誉颁发	
	继续动员学员成交升单 + 引导直播问题解答	
	晒单环节截图，业绩销售喜报	
五、备注事项		
5 月 28 日 – 5 月 31 日	群内互动问答的内容设计	
	群内成交截图的提前设计	
	群内咨询截图设计	

该项目商业路径可以简单理解为：课程（入口）—技能创业（接口）—考证 / 爆品（收口）。

单纯考证的业务或课程都会存在一个弊端，就是难以复购，若课程类品项不多的话就难以持续。偏偏做健康教育有天然的优势，技能结合产品种草，通过课程内容建立选品标准之后，容易让学员自己消费，好的产品也能带动分销、团购及代理的模型，这样就有机会实现可持续盈利。

模式设计

模式设计本质是设置分钱游戏，直营做 C 端用户的过程也能做小 B 端。

理论上找到 1000 人帮你一年卖 10 万的货，不就有 1 亿的项目了。

无模式不谈生意。

存量有 1 万人，如何筛选 1000 人成为你私域流量中的"优质传播达人"，这是你的核心。确保这 1000 人可以有变现的产品或服务，也需要有持续性，否则割韭菜的方式不会长久。

我在过去做咨询和陪跑服务的过程中，针对商业模式的形态，将其分为直营、分销、合伙、电商、团购、代理这 6 个方向。

商业模式的设计，在不同的阶段需要作出相应的调整，不能一成不变。关于这方面的经验，不做过多的讲解，设计模式要围绕促进用户高传播、高活跃、高复购、持续收益为核心，同时又不能碰触法律红线，不要做成韭菜盘的项目，要真正做到用爆品思维服务好用户，实现商品的可持续流通才是王道。

本项目用到的是分销＋代理的模式，我们设置了一个年度 399 元会员的入口，体现的内容也是专业技能学习＋商业应用学习的内容。

399 元（钻石会员）
①获得价值 980 元体重管理实训营高阶课，服务时间为 7 天 +180 天）；
②价值 980 元个人微信号引流裂变实操培训名额 1 个（线上课）；

③获得价值 1980 元引流分销裂变工具 1 套（1 年）；

④后续享受课程自购 8 折优惠（考证费额外核算）；

⑤可获得课程分销 20% 的提成（考证费额外核算）；

⑥获得价值 598 元的课程（《营养基础百科》《育婴达人 100 问》《基础营养学》《膳食营养学》任选 2 套），有效期 1 年；

⑦协会健康教育专委会理事身份 1 年；

⑧获得社群引流裂变课程 100% 收益。

980 元（星耀会员）

①获得钻石会员所有权益服务；

②获得价值 3980 元体重管理线下实操课程（2 天 1 夜）；

③享受课程自购 7 折优惠（考证费额外核算）；

④可获得课程分销 30% 的提成（考证费额外核算）；

⑤获得价值 980 元的课程（《孕产妇营养课程》《婴幼儿营养课程》任选 1 个）。

为了让 C 端的用户可以进得来，在会员权益上可设置多维的实用型内容，核心的内容一定要可被感知可被体验，这样转化结果就会好。这两个客单属于承接型产品，是给终端的用户购买的。

为了促进 B 端的招募，我们还设计了两个代理的方案：

3980 元（王者代理）

① 399 钻石会员名额 5 个，价值 1995 元；

②享受课程自购 6 折优惠，分销 40% 提成（考证费额外核算）；

③获得价值 1995 元的《营养基础百科》《育婴达人 100 问》《基础营养学》《食物营养学》《膳食营养学》《医学基础知识》《体检报告解读》等课程名额 5 个，有效期 1 年；

④获得价值 1960 元的《孕产妇营养课程》《婴幼儿营养课程》《超新陈代谢减肥》《糖尿病非药物干预》《高血压非药物干预》《高血脂健康管理》《痛风健康管理师》《甲状腺相关问题干预》《心血管营养干预》《肿瘤预防与营养干预》等课程名额 2 个，有效期 1 年；

⑤健康管理师、营养师考证课程及 VIP 服务名额 2 个，价值 5960 元；

⑥协会理事身份满 1 年，免年费 2000 元；

⑦获得社群引流裂变课程 100% 收益；

⑧大健康产品 5—6.5 折供货价优势，无须囤货，一件代发。

9980 元（合伙人）

① 399 钻石会员名额 10 个，价值 3999 元；

②价值 5980 元引流裂变实操培训班名额 1 个（线下 2 天 1 夜）；

③享受课程自购 4 折优惠，可获得课程分销 60% 提成（考证费额外核算）；

④获得价值 3999 元《营养基础百科》《育婴达人 100 问》《基础营

养学》《食物营养学》《膳食营养学》《医学基础知识》《体检报告解读》等课程名额 10 个，有效期 1 年；

⑤获得价值 9800 元《孕产妇营养课程》《婴幼儿营养课程》《超新陈代谢减肥》《糖尿病非药物干预》《高血压非药物干预》《高血脂健康管理》《痛风健康管理师》《甲状腺相关问题干预》《心血管营养干预》《肿瘤预防与营养干预》等课程名额 10 个，有效期 1 年；

⑥健康管理师、营养师考证课程及 VIP 服务名额 4 个，价值 11920 元；

⑦协会副理事长身份 1 年，免年费 20000 元；

⑧大健康产品 3—4.5 折供货价优惠，无须囤货，一件代发。

以上方案在执行的过程中，需要匹配优质的供应链。实际落地过程中，核心爆品的确认相对滞后，在一定程度上也影响了项目的进度。

建议大家在设置权益的环节，尽可能聚焦某个专业课程＋考证＋产品的路径，不要在执行过程中或后续的权益内容中换来换去，总之教育种草＋产品的解决方案很适合在私域变现。

备注：不同的行业领域、背景资源、种子用户基础，商业模式的设计都会有较大的差异化。大家若是做知识付费类的，可以参考这个案例，若是其他领域的，请不要参考这个案例。

流量激活

大家要多花心思在流量激活的环节，这部分和后面的增长裂变转化都会存在直接关系。尽可能地撬动存量用户，尤其像电商、门店类的私域。每日有自然流量的，那更需要珍惜，可策划不同方案做用户回流（一般 A/B 两个方案），透过数据分析最终选择一个方案来做长期执行。

本项目案例中，核心还是把握人性的需求来做激活。做健康行业的人都希望自己是一个有影响力的人，是被人关注、赞美的人，在策划活动的过程中，让参与的人能实现"高人一等"的感觉，就比较容易激活存量，当然设置的激活内容如果和变现的主题内容有衔接度就更好了。

增长拉新

有了激活的流量基础，就可以紧接着开展做拉新增长的活动。目前我经常开展的增长活动会围绕 5 种类型：

①免费领取 + 助力拉新 + 排行榜福利；

②分销裂变 + 排行榜福利；

③队长模型 + 分销裂变；

④队长模型 + 分销裂变 + 活动分红；

⑤阶梯拼团模式 + 分销裂变。

根据项目的实际情况选择适合的增长活动来做，种子用户少的选免费型的；有一定流量基础的，选择分销或阶梯拼团；有代理或团长基础的，选择队长模型。

对于选择用企业微信、个人号还是社群或公众号来承接流量，要结合自身的种子用户情况来判断，目前操作上的难度都不大，我重点说明一下队长模型的玩法。

图 3-1　活动数据中心

如图 3-1 所示，最初筛选种子用户之后，真正参与朋友圈活动分

享的人员有 47 人，同时实现了 379 人的课程学习（1:8 的用户拉新参与度）。

裂变活动，往往会有几个关键难点：

一是活动的设计方案种子用户不愿意分享，最好设计看起来活动就是针对用户他自己的方案；

二是种子用户生怕自己的流量被他人抓取，不愿意轻易贡献出自己的私域流量；

三是种子用户都希望活动的过程能带来实际的收益，而不是只有虚的内容。

在微信生态的私域涨粉，其实本质上就是信息差导致的，主要是看活动诱饵和行动之间的对比价值关系。

底层逻辑就是引导更多的用户帮助分享，让更多的用户去帮我们转发和传播。在保证有信息差的情况下，只要活动设置的裂变诱饵远大于用户的行动成本，那么参与的用户就会多，效果就会好。

这个案例的诱饵福利为：

送 1

赠送教育类视频号运营方法论干货资料 1 份。

视频号正在成为教育行业新的流量增长点，通过对一些优质的教育类视频号进行拆解，总结出一套实用的视频号运营方法论。

送 2

赠送价值 199 元的《育婴达人 100 问》课程 1 套。

·问答式快速解决育儿问题，有用、有趣、接地气，拿来即用，不受场地时间限制，随时学习。

·涵盖 30 多种儿童常见健康护理问题，帮宝妈宝爸避开"雷区"，养出健康聪明的孩子。

·拥有 10 年以上育儿经验的团队授课，帮家长粉碎育儿谣言，解决婴童常见疾病预防。

送 3

膳食指南电子书 1 套。

·中国居民膳食指南专业版（最新）电子书。

·学习健康营养的必修书籍，对中国居民而言，它就像是一部"饮食说明书"。

·内容全面，包含各个人群的膳食指南。

·方便携带，长久保存，随时学习。

整个活动流程是这样的：

平台／品牌方设置好后台活动方案—发活动链接给推广者—推广者申请绑定—后台授权审核通过（自动／手动均可）—推广者具备商家角色—推广者把客服信息设置成自己（姓名、电话、地址、微信二维码）—推广者生成自己的海报参与。

活动—用户甲购买—分享用户乙购买—分享用户丙购买。

推广者 A 有用户乙下单的所有收益，用户丙下单，用户乙也有一级分佣，剩下的全部归推广者 A。

同时推广者 A 实现用户丙的信息抓取，用户丙购买后也可跳出推广者 A 的微信二维码，可主动添加商家生成自己的海报参与推广。

这套私域裂变玩法和市面上的其他分销裂变工具的最大区别就在于：

①推广者可一键生成自己的海报，对于没有能力做海报详情的个人来说，都可以得到轻松获客参与推广的好处；

②实时分佣的玩法，极大地让参与用户有快速的获得感；

③推广者可一键生成自己的活动信息，用户看到的是推广者自己的信息，自己的私域流量还是自己的；

④推广者可拥有固定的收益，每个被授权的推广者都是一个独立的队长，推广不但有收益还给自己获客。

这套私域的工具，可匹配异业联盟或连锁门店的玩法，可以每天设置不同的激励方案，通过系统来做分配，比如可以设置每日冲量额外激励，目标达成有额外的红包奖励，也可以根据贡献再分配奖励。

赛马机制的设置有助于活动的进一步引爆，本项目中我们也做的内容为：

①邀请 2 个人，获得 ××× 学习内容 1 套，价值 199 元；

②邀请 5 个人，获得 ××× 工具 1 个月使用权，价值 299 元；

③邀请 10 个人，获得 ××× 书籍 1 本，限前 100 位；

④排名前 20，获得 ××× 服务名额 1 个，教你学会 ×××（直播教学）；

⑤排名前 3，获得 ××× 老师个案咨询名额 1 个 + 协会理事身份 + 荣誉证书 1 本。

备注：本来的设计内容是，邀请 2 人送一份减脂的知识地图；但因为活动的时间太紧，合作品牌也没配合好，临时又改变了活动诱饵。

本案例是以知识付费类来做分析，其实私域的行业不同，在增长拉新这部分，从术的层面来说会有很多形态，但从道的层面来说，把握"趋利避害"的人性即可。

如果想增加用户的转发分享，要研究这个事能否从内容上变得有格局，让人看了之后就能主动转发分享，是有面子的一件事。我把核心总结为八个字——"与人有关、让人长脸"。

包括电商私域业务拉新增长也是如此，多研究一些爆品实现快速回流的打法，少一些机械化的同质化玩法；门店做这块相对更容易，毕竟有直观的场景营销，做好物料、微信群、公众号、企业微信等路径测试，找到自己的流量增长并不难。

朋友圈宣发
朋友圈宣发是一个营销性很强的环节。现在朋友圈的内容每隔一分钟都要刷屏不少内容，你可以理解为当下的朋友圈就是一个发"帖子"的场景。若没人顶你，帖子就没有曝光，自然转化效率就低，为此我自己总结了一套针对活动期间的朋友圈宣发步骤。

第一步：互动营销的福利引导—目标要点赞 / 评论—吸引关注用户；

第二步：文字加语音群发互动—目标要点赞 / 评论—吸引关注用户；

第三步：朋友圈活动正式推出—对参与第 1—2 步的人做快速触达；

第四步：展示用户参与的氛围—用他人的行为来影响用户决策；

第五步：精细化私聊沟通成交—做标准话术执行实现更多转化。

在这里，需要注意的是第三步的动作，可以每隔 30 分钟删掉再重新发布一次。同时为了方便种子用户做轻松简单的动作，咱们需要准备一个素材号让人可简单辅助做宣发，同时文案这部分一定要控制在 6 行之内（避免朋友圈折叠），多的内容都放在评论区即可。针对朋友圈活动宣发也给大家一个简单的公式做参考：展示结果 + 激发痛点 + 建立信任 + 促发行为，文字要控制在 100 字左右，多出来的全部放到评论区即可。

同时对于活动的内容，可以用工具（如美篇）做一份图文 + 视频的内容，尽量用销售信的框架来做，目的是让种子用户在去做一对一传播的时候，降低沟通的时间成本和能力要求，增加转化率。可以从结果出发，吸引用户愿意不断往下看内容，最终想要参与。

社群运维

种子用户进群之后，不同的阶段，输出的内容是不一样的。在这个板块，很多人听说过社群 SOP（标准作业流程），但大部分都是过于形式，和营销融合的地方过少，因此转化率也普遍低，要想提高社群运维

的转化结果，还是要从以下几个方面来思考。

不管是做裂变活动还是做内容运营，都离不开根据项目搭建群的布局。

表 3-7　社群的 SOP 执行内容参考

时间	指挥群	裂变／用户群	组长群
9:00	互动问候	早安语录	提醒开始报单，明确今日目标榜
9:30	发圈文案	干货分享	组长每日小攻略
10:30	课程公告（文案＋海报）	引导文案	了解目前小组群活跃度情况
10:50	倒计时 10 分钟（教学）		提醒 11 点指挥部的课程，并同步至小组群提醒
11:00	老师指导课程（如何做活动）		
12:00	发圈文案	中午问候＋图片式语录	福利群转发人数统计
13:30	搜索参与学员的素材		再次提醒下午到晚上的工作安排
15:30		互动小游戏	
17:30	课程分享预告		
19:00	明确课程分享过程中要做好互动的细节	倒计时 1 小时＋预告	小组成员宣发情况检查
20:00		干货分享	
21:00	发圈文案	社群互动	
21:30		回顾重点内容	小组分享总结今日的心得
22:00	今天情况激励总结＋优秀小组图文颁奖	晚安问候	当日复盘＋新目标制定，会后小组目标接龙，分配给每一位小组成员，督促完成

特别说明

项目群：项目组团队对接策划沟通群。

指挥群：核心种子用户内容指导和宣发群，教人如何去做推广或服务。

管理群：种子用户分组管理员搭建和帮助监督执行人员裂变。

用户群：种子用户和新增用户学习群。

本项目中，因为没有种子用户基础，就没有设置管理群；针对有一定黏性种子用户的就可以设置管理群，来更好地促进用户维护过程，提升转化率。

我们在整个社群运维的过程，会组建以上的3—4个群，针对不同的群，我们设置了不同的内容，包括专业型的课程，如何植入互动营销型内容，全部由我们团队负责优化，做到各社群的运营执行全部SOP化。

明确谁在什么时间做什么事，做到什么结果，为了确保内容可落地执行，会采取一个群做示范，其他群做同步的复制转发就可以了，转发的人可以是自己的工作人员，也可以是各小组的组长。社群内容的输出，100%用图文和视频，不用语音，以确保小组长可轻松辅助转化（群若实在多，可以用课程同步工具）。

社群运营过程离不开小游戏的互动，在白天都有内容定时输出，要

么是温馨提醒，要么是和品牌产品相关的干货知识，要么是用户反馈案例，要么是互动小游戏，我们会写好各种互动游戏的模板让执行人员好提前去熟悉并操作，比如红包、骰子、看图猜成语、唱歌（用小程序工具，如包你唱）、前一天的干货回顾、案例分析等。互动的内容不宜太复杂，尤其在每晚课程开启前 15 分钟进行，培养用户多关注群的习惯。

每晚的课程分享结束之后，群内不会马上停止工作，这时候大范围的种子用户会释放各种互动小问题或赞美感言，或提问咨询问题的解决方案。持续做互动，营造一种社交氛围，有助于后续的销售转化。

当然根据品牌方的需求，这里也可以提前设置一些必要的环节内容，甚至是有针对性地植入案例分享来解决客户的痛点或疑点，用讲故事的方式做内容输出，顺便影响用户的思维和决策。

大家也可以让社群的运维工作人员，同步直播间的讲师 PPT 和关键知识点，用图文的方式同步在社群做宣发，或者宣发结束后，引导用户完成作业打卡，再给予当晚的课程 PPT 和其他福利。

总的来说，社群的落地可以分为 4 个阶段。
第一阶段：分组、动员、宣导、开营
第二阶段：裂变、训练、分享、总结
第三阶段：再裂变、直播、社群、信任势能

第四阶段：福利转化、直播成交、社群再成交

短视频种草

私域运营过程中，随着视频号的价值越来越重要，提前布局短视频的内容是有必要的。一般采用身份定位（我是干什么的）+ 价值定位（我能为用户解决什么问题）+ 形式定位（我要用什么形式展示我的价值）的模型。

抓住用户愿意付费的需求痛点，已设计的产品或服务，通过内容向私域的用户展示，让用户确认你是有价值的人，并且可以通过你得到他想要的结果，这就要求一定要多讲案例故事。

可以通过抖音去搜索适合自己风格的5—10个内容作为你的风向标，参考他们的内容选择、他们的话题，同时拆解他们的选题。把握好痛点罗列 + 痒点罗列的原则，做短视频内容之前，也是结合目标人群，去想5—10个不好解决但又有需求的问题，一定要带痛点且做放大。

做真人出镜的内容拍摄和剪辑，需要把文案做在前，举 3 个常用的文案的公式。

①痛点问题 + 抛出观点 + 案例分析 + 进阶疑问 + 肯定答案

举例：你有多少年喊着要减肥但没成功？很多人都说减肥需要迈开腿、管住嘴，这个观点是错的！在前两个月 ×××（如何痛苦，之后怎

么改变），你们知道为什么这个案例中的 ××× 她可以不用运动也能实现 1 个月健康减重 10 斤吗？主要是因为做到了以下 5 点：

调整饮食习惯：避免高热量、高油脂食物，增加蔬菜水果摄入。

控制饮食量：分餐，按时进食，避免暴饮暴食。

睡眠充足：保持规律的作息时间，养成良好的睡眠习惯。

拒绝零食：戒除吃零食的习惯，避免摄入高热量。

坚持心理调整：保持积极的心态，配合适当的减肥计划，不轻易放弃。

意思就是不论你干什么，都不要轻易放弃，要做到始终坚持，就会有所收获。

②数字对比 + 增加冲突 + 阐述观点 + 故事佐证 + 下定结论

举例：上班族每天靠点对外卖 1 个月也能轻松刮走 10 斤脂肪，这是真的吗？有的人说天天点轻食和"吃草"都没瘦下来，你知道根本的原因在哪吗？很多人忽视了外卖食物中隐藏的一些"坏营养"，大部分人不会看营养成分表，导致无知地减肥。前几天 ×××，因此在减肥过程中，一定要学会看营养成分表，我们××月××日晚上在直播间专业分享×××，记得预约噢！

③展示结果＋故事分享＋设置疑问＋引导行为＋给出答案

举例：减肥减了8年都没成功，110千克的他3个月之后成功减掉30斤，今天的视频内容特别值得你学习。×××是一位×××，他过去×××，用过×××，但是×××，你知道为什么很多减肥的人用生酮饮食减不下来吗？这个知识点很专业，点赞关注我，带你每天了解真实减肥案例。其实是×××。

文案的核心是把握人性，要从营销的角度做内容，而不是从专业的角度做内容，万变不离其宗。让用户对你的话题感兴趣，故事分享够真实，就等于成功了一半，剩下的就是自己专业能力在视频当中的体现。

直播搭建

私域的直播，需要用到的工具有企业微信、视频号直播。企业微信我基本用在种子用户的激活阶段，主要是通过精准的数据来抓取哪些种子适合我们来做深度的培育。

在整个直播活动执行的同时，我推荐用视频号＋微店的形式。对于私域直播间的活动搭建，放大前端直播间的福利非常有必要。直播间既是流量的承接口，又是流量的转化口，对于信任搭建是非常好的

一个场景。

可以做预热准备活动让社群有一定的流量基础，再去做直播。创建完成直播计划后，需要有吸引力的直播预热海报来引导订阅直播间。在执行中，要注意以下细节：

①可以添加本场主播及直播间福利图，同时还有直播二维码。

②有社群流量沉淀，就可以充分做好预热。比如可以引导社群的用户，朋友圈分享后截图可以 ×× 元换购一个高价值产品。

③按要求发直播预热视频，突出直播间福利的丰富，同时详细介绍秒杀和抽奖免单产品；或者发直播图文链接，进一步放大直播间的详细信息同时引导用户转发，让进群的用户有更多抽取特定礼品的机会。

④向所有用户都群发一遍，开播前两天做直播活动的二维码引导订阅。现在微信上的用户点击活跃度不高，我们要把二维码群发出去的同时，在旁边附一段明显的文字，鼓励大家扫一扫并订阅。

⑤公众号的图文里面直接放直播间二维码，提前 1—2 天针对直播间活动做宣发，然后让大家去订阅。

⑥做好社群每个群的职责分配，安排好每个环节的执行人员。为加大种子用户的参与度，结合视频号分销的功能，可以绑定100位愿意做直播分销的人，提前把福利品和好处告诉他们。让每个种子用户自己去建群（这个可以有详细的步骤和流程，给种子用户培训后，完全做到SOP化），理论上100个种子影响1000+以上基础用户并不难，直播间的福利设置到位，流量还有机会更大。

⑦做微信群营销，不要到别人的群里发一个活动二维码就完事，推荐发二维码的同时，要发段文字鼓励大家去关注。例如：两天后现场会有价值×××万的×××免费派送，如果是讲师类的可以直接抛在直播间会解决哪些问题，再发个小红包并附上感谢大家的话，同时告知若有打扰，请大家见谅，一定要别人感觉我是给大家提供价值信息，而不是广告，这样订阅人数也会多一些。

这里也温馨提示下，视频号若要开通推流直播功能，需要有1000个粉丝关注才可以。若有团队配合，可以打通视频号+公众号（内容营销阵地）+小程序商城（可以自由设置产品的分佣模式）。

搭建一个赚钱的私域项目确实是一个系统工程，以上12个步骤，通过知识付费的案例已经给大家讲述完毕，希望每个人都可以掌握私域闭环的底层逻辑。

其实，大家看完这本书，每个板块还可以深度展开出来，也可以拿这套内容做私域项目的自我诊断和评估，看看自己已经做了哪些点，还有哪些地方是不会做的。如果还有哪些地方不懂，建议大家扫描书籍后面二维码，加我的微信来做咨询。

三、电商转型：从传统电商到私域电商的跃变

从网店的日益增多，到无处不在的购物 App，再到今日的社交平台和即时通信工具的电商功能，电商行业的发展速度令人瞠目。近年来，一个新的概念在电商领域兴起——私域电商，标志着电商行业进入了一个新的发展阶段。那么，电商如何从传统模式转变为私域模式？这又将带来什么样的新变化？

私域电商，顾名思义，就是在私密的、相对封闭的、群体性的社交空间进行的电商，它是在微信、QQ 等即时通信工具的基础上发展起来的。与传统电商不同，私域电商更注重服务和体验，更侧重于个性化和精细化的营销。

目前全中国有三大主流电商业态，分别是：传统电商（以淘系、拼系、京东系为代表），直播电商（以抖音、快手为代表），私域电商（以微信为代表）。

每个业态都有不同的玩家，对应不同的运营逻辑，要想明白为什么

我们前面说要通过"私域军校"培养数字化人才，首先要了解目前主流三大电商业态的特点是什么。

传统电商是指通过在线商店或电子商务平台来销售产品和服务的商业模式。它是 Web 2.0 时代发展起来的一种商业形式，不同于传统的实体店铺销售模式。在传统电商中，企业通常会在网站或应用程序上展示它们的产品和服务，顾客通过浏览商品、添加到购物车、在线支付等方式来购买所需的商品或服务。一旦订单完成，商品将通过物流渠道送达顾客手中。

传统电商的优势

1. 全球市场覆盖。传统电商平台可以轻松覆盖全球市场，允许企业扩大其客户基础和销售范围。

2. 大量商品选择。传统电商通常提供数以百万计的商品，顾客可以在一个平台上找到各种各样的产品。

3. 方便的购物体验。购物可以随时进行，不受时间和地点的限制，满足了顾客的便捷购物需求。

4. 多种支付方式。传统电商通常支持多种支付方式，包括信用卡、电子支付等，提供了灵活性和安全性。

5.详细的产品信息。顾客可以在网站上找到详细的产品信息、用户评价和建议，以帮助做出购买决策。

传统电商的劣势

1.缺乏实时互动。传统电商通常缺乏实时互动，顾客无法获得即时反馈或咨询。

2.商品展示有限。商品主要通过图片和文字展示，难以提供足够的信息和互动体验。

3.竞争激烈。传统电商市场竞争激烈，企业需要付出大量的广告和营销成本来吸引顾客。

4.物流和配送问题。顾客需要等待商品的物流和配送，可能会面临延迟或配送问题。

5.商品质量不确定。顾客无法亲自检查产品质量，可能存在购买后的不满。

传统电商的特点

1.商品在线展示。商品和服务以图片、文字和价格的形式在线展示。

2.购物车和在线支付。顾客可以在网站上将所需的商品添加到购物车，并通过在线支付完成购买。

3.物流和配送。一旦订单完成，商品将通过物流渠道送达顾客手中。

4.用户评价和评级。传统电商通常提供用户评价和评级系统，以帮助顾客了解其他用户的购买体验。

5.用户留存。商家与用户为一次性购买关系，用户通过平台下单进行商品购买，由商家进行发货，商家与用户本身基于平台做链接，没有实现实质上商家与用户的交互与沉淀。

传统电商为顾客提供了方便的购物体验和广泛的选择，但可能缺乏实时互动和个性化体验。本质是属于人找货的搜索电商和货架电商逻辑，它适用于需要更多商品选择和不需要即时互动的购物场景，如电子产品、服装、家居用品等。

直播电商是指一种通过实时在线视频直播来展示和销售产品或服务的电子商务模式。在直播电商中，通常有一个主播或销售员通过视频直播的方式向观众介绍产品，演示商品的特点，回答观众的问题，并在直播过程中鼓励观众购买产品。观众可以在直播中与主播互动，提出问

题，评论产品，甚至在直播过程中即时完成购买。这种模式的出现，强调了实时互动和视频内容的重要性，同时也提供了一种创新的购物体验。

直播电商的优势

1.实时互动。观众可以在直播中提问、评论和与主播互动，建立信任感，购买意向增强。

2.产品演示生动。主播可以通过视频演示产品，生动地展示其特点和用途，增加产品吸引力。

3.即时购买。观众可以在直播中即时购买产品，提供了便捷的购物体验。

4.促销活动。直播电商通常伴随着促销活动，如限时优惠、赠品等，以吸引观众购买。

直播电商的劣势

1.依赖主播个人魅力。成功与否通常取决于主播的个人魅力和销售技巧，可能存在不稳定性。

2.时间限制。直播是实时的，观众需要在特定时间观看，可能不适合所有顾客。

3. 产品质量不确定。观众无法亲自检查产品质量，可能存在购买后的不满。

直播电商的特点

1. 实时互动性。观众可以在直播中提问、评论、与主播互动，增加购买的信任感。

2. 即时购买。观众可以在直播中即时点击购买按钮完成交易，方便快捷。

3. 产品演示和介绍。主播通过视频演示产品，介绍特点、用途和使用方法。

4. 冲动消费。基于直播间氛围与主播话术刺激消费者购买欲望，实现直播间冲动消费，部分品类退货率高。

5. 社交互动。观众可以与主播和其他观众互动，分享购物经验和评论产品。

6. 商品种类多样。适用于各种产品类别，包括服装、化妆品、食品、家居用品等。

直播电商适合于那些注重实时互动和愿意通过视频来了解产品的顾客。它已经成为当下中国主流电商模式，并在全球范围内形成势能。主播的个人品牌和能力在直播电商中起着重要作用，因此选择合适的主播和产品组合是成功的关键。

私域电商是指一种基于微信生态的电子商务模式，依赖于企业在自己的社交媒体渠道或私域流量上建立和运营销售渠道。在私域电商中，企业通常会使用社交媒体平台（如微信、微博、Facebook 等）或自己的网站和应用程序来与顾客互动、提供产品和服务、进行销售和推广。私域电商侧重于通过社交互动、内容推广和个性化营销来建立顾客关系，从而提高销售效果。

私域电商的优势

1. 社交信任。建立在社交关系上，顾客更容易相信和购买，因为他们可能受到朋友、家人或社交媒体上的其他信任来源的影响。

2. 个性化体验。根据用户行为和偏好提供定制化的购物体验，使顾客感到特别。

3. 低成本。相对较低的运营成本，适合小型企业和个体创业者。

4. 精准营销。可以根据用户的兴趣和行为进行精准的产品推荐，提高销售效率。

5. 数据掌握。企业可以更好地掌握顾客数据，了解他们的需求和购买历史，有助于更好地满足顾客的期望。

私域电商的劣势

1. 依赖社交平台政策。私域电商依赖于社交媒体平台，受到平台政策变化的影响。

2. 竞争激烈。由于低门槛，市场上竞争激烈，需要不断创新和改进。

私域电商的特点

1. 社交媒体互动。主要通过社交媒体平台进行营销和销售。

2. 社交内容推广。通过发布有吸引力的社交内容，如文章、图片、视频等，来吸引关注者。

3. 社交分享和口碑。鼓励顾客分享产品和购物体验，以扩大品牌的影响力。

4. 个性化推荐。根据用户的兴趣和行为，向他们提供相关的产品和

服务。

5.社群建设。通过建立社交群体或粉丝群，增强顾客的互动和忠诚度。

6.线上支付。通常支持线上支付，使购物更加方便。

7.用户沉淀。客户直接沉淀在企业手中，可以通过微信频繁、免费地触达客户，以实现长期复购和稳定效益。

电商的转型是由多方面的因素驱动的。首先，消费者的购物需求和行为正在发生变化，他们开始追求更个性化、更有质感的购物体验。其次，社交媒体的发展为电商提供了新的平台和工具，让电商能够更直接地接触到消费者，实现精准营销。最后，新的技术和算法的发展也为电商的转型提供了可能，例如，大数据和 AI 可以让电商更好地理解消费者，以提供更好的商品和服务。

在这个过程中，电商需要改变原有的营销策略，重新理解和服务消费者。需通过各种社交平台，如微信、QQ 等，建立起私有流量池，通过内容营销、用户运营等方式将流量转化为真金白银。并且私域电商也需要在服务上下功夫，通过提供优质的服务和良好的用户体验，来吸引和留住消费者。

适应电商模式的新变化，需要我们有开创性思维和灵活的应对策略。对于消费者，电商需要有更深层次的理解，不仅要理解他们的购物习惯，还要理解他们的生活方式、价值观等。

讲完了三大主流电商业态，让我们看看传统电商转型私域电商的案例。

1. Pinduoduo（拼多多）

拼多多是一家中国的移动购物平台。它巧妙地结合了社交和团购模式，利用微信朋友圈及其他社交平台的巨大网络效应，通过用户分享链接邀请亲友共同购买商品，以此获取更低的团购价。这不仅减少了营销成本，而且通过私域流量积累了大量用户。拼多多的成功标志了电商下一个阶段的到来：私域电商。

2. Perfect Diary（完美日记）

完美日记是中国的一家化妆品品牌。它利用社交媒体和私域电商策略迅速崭露头角，在国内化妆品市场取得了突出的成绩。完美日记运用微信小程序、微博等社交平台，通过大 V 和 KOL 进行社区营销，构建出自身的私域流量。同时品牌还建立了多个微信群，借助美妆分享、化妆教程等内容与消费者保持互动，增强用户黏性。

3. 微盟

微盟是一家提供社交电商解决方案的供应商。它们通过云端的一体化系统服务，为众多品牌和零售商提供了微信电商的可能性。微盟通过打造多种微信小程序和公众号店铺的形式，帮助商家搭建属于自己的私域电商平台。以此来帮助商家降低营销成本，提高用户黏性，最终实现销售转化。

以上就是三个电商转型为私域电商的不同形式。从拼多多引起的社交电商模式，完美日记在内容营销和社区建设上的突出表现，到微盟以技术为切入点，为商家打造私域电商解决方案，每个案例都代表了电商向私域电商转型的不同路径和方法。

私域电商的成功取决于企业在社交媒体上的存在和影响力，以及它们对顾客的关注和个性化关怀。它适用于所有想要建立强大社交媒体品牌并与它们的受众建立紧密联系的企业。私域电商的目标是通过社交互动、内容创作和个性化体验来增强销售效果，并在社交媒体上建立持久的品牌忠诚度。

对于数字化技术来说，我们要掌握最新的电子商务技术和手段，像 AI、大数据、区块链等，并且应用这些技术去提升业务能力。对于环境，则要灵活应对市场变化，同时，也要注意与政府、同行、供应商等建立良好的合作关系。

为什么在数字化时代下，企业选择私域电商，是发展的重中之重？

社交互动和个性化。现代消费者更加注重个性化体验和社交互动。私域电商通过建立社交关系、提供个性化推荐和互动，满足了这些需求。

社交信任。顾客更容易相信朋友、家人或社交媒体上的信任来源。私域电商建立在社交信任上，提高了购买意愿。

成本效益。私域电商相对于传统电商和直播电商来说，通常具有更低的运营成本，适合小型企业和初创企业。

精准营销。私域电商可以根据用户行为和兴趣进行精准营销，提高销售效率，减少资源浪费。

品牌建设。通过建立社交媒体上的品牌存在和社交互动，企业可以更好地塑造品牌形象，提高品牌忠诚度。

用户留存。客户资源不再被平台绑架，企业具备直接触达客户的能力，不会因为平台机制调整导致流量下滑，通过长期运营可以实现基本盘的稳定增长。

我认为，私域电商模式具有适应现代消费者需求的特点，强调社交

互动、个性化体验和社交信任，因此在当前的电子商务环境中将会备受企业关注。

私域电商也是传统电商和直播电商发展的必然方向。未来的私域电商一定是个性化、智能化、社交化的。它将不再只是一个销售平台，而是一个提供各种服务、帮助消费者解决问题、实现个性化需求的平台。在这个过程中，我们每个中小微企业在做"私域电商"时一定要把握和适应新的变化，才能获得竞争优势，实现持续的发展。

四、数字时代：流量、爆品、运营的三大打法

我从事私域电商行业有近 4 年的时间，我的两家企业，第一家营业额从 300 万元到了 3000 多万元，实现了 10 倍速的裂变。第二家公司从 2022 年初开始起步，到 2022 年年底，1 年的时间从 0 元完成了营业额 3000 万元的增长。

很多人问我，为什么发展速度能这么快？因为在数字时代，我牢牢把握着"营销、产品、团队"这三大维度，同时自己又推演出"流量、爆品、运营"这三大打法。今天，我会在这本书中和大家详细分析具体的实操方法。

营销板块

第一，我想围绕客户，也就是营销这个板块进行分享，因为我是业

务出身的企业负责人，在营销方面有着自己的理解，希望能够给大家抛砖引玉。我认为，把学习内容落地到企业的过程中，一定要结合企业的业态、所处的发展阶段、产品的毛利、现有的组织架构，以及未来企业要引进什么样的人才、找到什么样的资源等方面，去做深度的探索、总结与复盘。

我们需要围绕九大营销流程，对营销板块进行一个详细的拆解。

1.客户画像

其实这两年很多传统企业老板都在尝试转型做电商或者做私域，但是在转型过程当中，他们走入的最大误区，就是参加了很多"打造创始人IP"的课程，却不去研究自己的客户群体和客户画像究竟是怎样的。结果钱花完了，产品与客户不匹配，业务并没有多大的提升。

其实我们要明白，企业老板和创始人打造IP的本质是什么，不是要成为一个网红，而是要让我们的主营业务实现更好的变现，给客户完成赋能。如果我有100万粉丝，但是不能变现，我认为打造IP就是没有意义的一件事。而变现的关键就是找准客户画像，如果你的客户画像不精准，那么想要变现就是天方夜谭。

我们的个人IP其实只是一个放大器，如果创始人自己没有精力，没有体验，没有本事去找到自己的客户画像，那么你在任何平台所获得的曝光度和流量，最终只是给你弄了一个所谓的人设，除此之外，通通都会打水漂的。

1）年龄及性别分析

我们在做业务流程搭建的时候，首先要思考好后端的变现产品是什么，以终为始去做有用户画像的倒推。

例如我们做减肥类产品，那么卖产品之前要详细认真地去思考我们的最终客户是谁。通过分析，我们把目标客户定为 30—45 岁的女性。因为女性的消费能力较强，所以我们将客户范围缩小在女性群体中。

那为什么年轻女性客户我们不要呢？因为学生这个"红线"我们是不碰的，同时太年轻的客户，她的付费能力会比较弱。为什么 45 岁以上的女性客户我们也不要呢？因为这些女性她们对养生方面的需求会更多一些。所以剩下的 30—45 岁是一个非常好的减肥年龄段，这是第一个关于客户年龄和性别的画像。

2）地域分析

其次是地域方面的客户画像。一线城市我们不做，二线城市排名前 15 的我们也不做。我们只做排名后 15 的二线城市，以及三线、四线城市。因为这些城市的人群，依然存在着较大的互联网信息差，他们的市场需求是相对比较大的。

同时平台与平台之间的信息差距也非常大。所以在我们分析好客户画像之后，研究分析自己的客户在哪个平台，这个时候我们找到的客户会更精准，后面的培育周期会更短，成交会更容易，追销和转介绍也会更容易。

在地域这个维度上，我们还可以细分。北方的客户相较于南方的客户会更好。因为北方的天气比较冷，客户会吃更多高热量的食物，脂肪也会相对厚一些，她们的减肥需求会更加强烈。相比于南方而言，北方减肥类爆品比较多，北方客户对于减肥的认知比较领先，对于服务的要求会更高。而南方客户对减肥的认知会弱一些，对服务的要求也没有那么高。所以只要我们能提供好的产品和服务，北方的交易会更容易成交。

3）收入分析

再次是客户画像的月收入分析，我们的客户月收入要在 1 万元左右。因为这类客户一般会拿出 10%—15% 的钱，投资在自己的身材管理上。

当我们分析出客户画像之后，再去做引流，找到的客户就会更精准，后面的培育周期也会更短，成交会更容易，追销和转介绍也会更简单。

2. 找"鱼塘"

有了客户画像，我们下一步就是要找"鱼塘"，找"鱼塘"的本质，就是找到流量平台，获得更多的流量。获取流量也有底层逻辑的，要基于目标客户去选择我们所需要的平台。

举个例子，如果你想获得中老年客户，我建议你去一个"流量洼地"，就是视频号；如果你想获得高端精致的女性粉丝，你就去小红书；如果你想获得"90后"的消费生力军，最大的流量池就是抖音；如

果你想获得二次元的客户，你就去哔哩哔哩。

所以要基于目标客户去选择我们的平台，再基于平台做流量。我总结三个维度的内容：第一个维度叫多账号，第二个维度叫多平台，第三个维度叫多素材。纵向是平台，横向是账号，斜线是素材，中间形成的阴影部分就是流量。当我们构建出这样一个框架之后，就会很清楚地知道你的目标客户群在哪里。

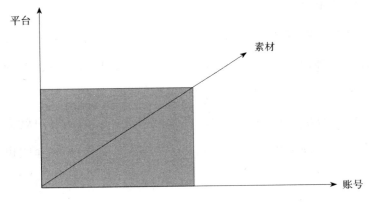

图 3-2　三维内容

3. 投放"鱼饵"

1）脚本思维

我们找到目标客户群之后，需要去投放"鱼饵"。在互联网上投放"鱼饵"，一定要具备"脚本思维"，就是客户所看到的一切，实际上都是我们设计出来的。做脚本的目的就是让客户接受我们的观念和理念。所以在任何平台上，我们都要有一套获客的话术和脚本，这是非常重要的。

2）三种流量打法

因为我是做私域电商的，我个人不建议去做太复杂的内容，因为一旦内容很复杂，就意味着不好标准化，不好复制化，这个生意就不好规模化，所以我个人建议所有的流量打法和获客打法都采用最简单的方式。

第一种是图文，第二种是短视频，第三种是直播。我们做的图文就是简单的图片加文字。短视频的话，我认为的爆款短视频一定是"框架不死、只是画面会消亡"，所以我们必须找到那个最好的框架，画面只要做标准化的输出就可以。

4. 抓潜

1）找到最短的获客路径，防止客户流失

我们找好"鱼塘"，投放"鱼饵"之后，就要开始做抓潜。为什么我们要做私域电商？因为只有把客户持续留存在我们自己手里，才能免费地、长期地、频繁地触达客户，客户才会创造高产值，这是我们追求的客户长期价值。

所以我们要思考，获客的最短路径是什么？之所以要找到最短的获客路径，是因为根据测算，每一个环节的客户流失率在20%—25%之间，也就是多点击一下页面，20%的客户就流失掉了。

获客的最短路径分成两种，第一种是把公域平台的客户导流到我们的私域微信里，第二种是在私域平台上做客户的增长和裂变。其实很多企业想做私域流量，但是又没有进行深挖，我认为他们是"坐在金矿上找金子"。私域流量的本质是离钱最近的地方，大家设想一下，如果连

你身边认识你、跟你有过交流的人你都成交不了，何谈去市面上成交呢？这是一个违背商业逻辑的事情。所以我倡导的是在私域平台上做驱动，在公域平台上做曝光和放大。

2）双重添加客户微信，搭建企业防火墙

抓潜这个环节，一定要用微信添加客户。在微信的业态中，分为企业微信和个人微信。根据我的经验，我建议用企业微信和个人微信双重添加客户，搭建好企业的两道防火墙。因为一旦个人微信或者企业微信被风控了，客户资源的损失是很大的。我们的业务流程是用企业微信承接第一波泛粉流量，在完成800元以内的客单转化后，再用个人微信进行二次添加，以确保我们的客户不会离开。

3）客户抓潜的两项基本原则

抓潜方面我还总结了两个原则。第一，产品为"道"。产品是根本，如果产品本身不够好，其他的都是空谈。第二，运营为"魂"。运营需要具备四大要素，标准化、流程化、可复制化和规模化。流程节点做得越细越密，可复制性就越强。

如果我们能把做事反复聚焦在"0101010101"关和开的二进制状态，每个节点都做到发丝级的颗粒度，那么标准化是非常容易的。当你的产品和业务流程都可以做到标准化的时候，产品的投放就不再依赖于某一个特定的主播，或者某一个特定的素材，就可以通过矩阵化去复制，所以我认为流量思维本质上就是矩阵思维。

5. 培育

抓潜完成之后，我们要进行客户培育。我们要思考的就是在落地过程当中，如何把流程和节点做进一步的细化和无限的延伸。我建议大家一定要做几个事情：

1）打造微信四件套

所谓的四件套就是昵称、头像、个性签名和朋友圈。

2）设置节点

我们以 21 天为一个大节点，7 天为一个中节点，1 天为一个小节点，早中晚为一个更小的节点。我们写出三个阶段的脚本，1—7 天发什么，8—15 天发什么，16—21 天发什么。每一天当中又细分成早上发什么，中午发什么，下午发什么，这是非常重要的。

培育过程中，1—7 天的客户会出现三种情况：

第一种，客户跟我们沟通后成交了，进入客服部继续接受服务。

第二种，我们给客户发信息，客户没有回复，但是也没有将我们删除。这种情况下，客户会进入到第二阶段 8—15 天的培育池。

第三种，客户把我们的微信删除了，这种情况下，要计算出客户的流失率。在培育过程中，如果能够实现客户的精细化管理，那么客户的成交率会大幅度提升。

3）培育小妙招

我给大家分享一个我的培育小妙招。我会要求我的团队每天至少发5条朋友圈，按照5+2的模式，形成7类内容，打造一个内容饱满的朋友圈。

①新客户成交的聊天记录；

②客户好评的聊天记录；

③老客户转介绍的聊天记录；

④高客单成交的聊天记录；

⑤客户关系维护的聊天记录；

⑥企业实力展示，去秀肌肉；

⑦与客户分享个人生活日常的聊天记录。

这个时候可能有人会问：朋友圈里面的营销内容是不是太多了？其实我认为不多，因为客户的转化并不是只依赖于朋友圈，朋友圈只是一个切入点，是一个展示的窗口。客户添加我们的微信后，下意识地就会去看朋友圈，他看的是这个产品有没有成功案例，有没有结果，他要去验证我们说的话是不是真的，通过这些内容不断去加深他的信心。

当他对我们有了一定的信任度之后，再通过一对一的深度沟通，就能了解客户个性化的需求，了解客户内心深处想要什么。假设你和客户一对一聊了一个月，他可能会在这一个月内不断看你朋友圈发的内容，去验证你说的是不是正确的。所以我们不断秀聊天记录的核心本质就是增强客户的信心，增强客户对我们的信任，这是一个联动式的打法。

4）打造 IP，提高客单价

根据我的行业经验，在不打造 IP 的情况下，客单价基本都在 1000 元以内。如果想在私域平台上做到 1000 元以上的高客单价，就一定要打造个人 IP。

6. 成交

成交的本质是什么？我认为成交的本质就是信任的累积，信任度累积得越高，客户的成交率就越高。所以我一直在思考，如何更快地提升客户对我们的信任度。

一是一对一的沟通。

二是朋友圈的打造。

三是我们跟客户的接触频率。我们和客户的接触频率越密，沟通次数越多，成交率就越高。

四是把客户当"上帝"去服务，不要把他当流量，要足够地尊重他，足够地爱他。

我还有一个成交的小诀窍，就是客户在犹豫着是否下单的那一刻，不要发文字，也不要打电话，更不要发语音，而是直接给客户打视频电话。刚开始我们做测试的时候，我想的是又不认识人家，打视频电话会不会不礼貌。

但是我们的销售冠军的经验是，视频电话打过去，客户只要接了，80% 都能成交。我对业务员的成交方式也是有要求的，就是每次开单不

要超过 5000 元，客户可以复购，但不要一次性买太多，一定要在客户消费得起的范围内，让其体验到最极致的服务。

7. 服务

客户成交之后，会交给后续的服务团队进行服务。

我们讲究的是精细化管理，所以会给每一个客户建立专属的微信群，群里会有四个人。第一个是客户，第二个是减肥营养师，第三个是销售人员，第四个是客服人员，以三对一的方式进行服务。

在服务环节还有一个心法，我也分享给大家。我们在做减肥类产品的时候，发现一个客户能不能减肥成功，是取决于定量和变量的。定量是标准化的产品和服务，变量是客户的体质，客户能否坚持，比如客户会不会趁我们不注意，自己出去吃个夜宵。

因为人的本质是不可控的，所以我们在做总结和复盘的时候，发现效果是非常重要的一个事情，但是不能把效果作为唯一的考核指标，而应该增加一个客户满意度指标，其次才是效果指标。所以我们对服务指标进行优先级的排序，首先一定是客户满意度。为什么要把客户满意度放到第一位？因为我们的服务人员每天都会和客户进行高频次、高密度的沟通，只要客户对服务满意，能够坚持下来，产生效果的概率是非常大的。

其次是效果指标，我们做出一个标准化的服务流程，比如从发货开始，在客户没有收到货的这三天，我们每天都会告诉她要喝多少柠檬水，要做哪些事情。客户收到货之后，会告诉她每天怎么吃、怎么调理，每天我们都会让客户拍照打卡，做每日的更新和反馈，这都要标准化。

只要我们客勤管理足够好，客户觉得体验感非常好，哪怕减肥效果没有达到预期，例如定的是减肥 20 斤，实际只完成了 8 斤或者 10 斤，没有达到 100% 的预期，客户也不会埋怨我们，而是会进行自我反思，是不是自己哪里没有做好，才没有完成既定的减肥目标。这个时候我们再提出建议和解决方案，她也是愿意接受的，我们也能帮助客户取得更好的结果。

如果我们没有做好过程管理，只是单纯地追求结果管理的话，当我们再找客户追销的时候，客户就会觉得很不满意，很唐突，想着你们平时没事的时候不找我，一找我就是收钱，客户的感受会很不好。所以在服务环节，首先一定是追求客户满意度，其次才是减肥的效果。

8. 追销

追销环节，我是根据产品线来设计的。举个例子，我们设计产品的时候，做了三类产品。第一种是抗糖类的产品，第二种是排油类的产品，第三种是饱腹类的产品。

我们在客户第一次开单的时候，会给客户一个小剂量、高体感的体验装。在追销的时候，基于这样的体验装产品再去做产品品类的延伸。因为客户对我们的前端产品已经有了信任度，追销就会很容易。

9. 转介绍

1）信任电商

追销之后，很重要的一个环节就是裂变和转介绍。在裂变和转介绍的过程当中，很多人都忽略了一个点，这个点就是我们公司能够快速发展起来的一个核心竞争力。我认为私域电商的本质是社交电商，社交电商的本质是信任电商，私域流量的裂变并不是付费投流后的陌生关系，而是基于熟人推荐的信任关系。

为什么私域电商可以快速成交？就是因为客户足够相信推荐人，商家省去了和陌生客户建立信任的时间和过程。所以我认为私域流量的裂变，是值得每一个运营者，每一个互联网人，甚至每一个传统企业的老板去深思的。裂变有非常多的方式，不只局限于口碑裂变，还包括助力拉新裂变、红包裂变、直播裂变等，都是非常好的裂变方式。

2）与我有关，让我长脸

在裂变这个环节，我给大家分享一个诀窍，是我们团队落地后总结出来的 8 个字——"与我有关，让我长脸"。

针对不同的客户等级，我们会设置不同的驱动方式。比如中低端的客户群，他们对价格非常敏感，所以促使他们做出转发动作的关键因素是利益驱动。那我们做裂变策略或是转发策略的时候，就要考虑如何"与我有关"，比如客户转发可以获得红包，或者获得一些免费的礼品，这样客户就会在利益驱动下，完成裂变。

像我们这些企业老板，或者有一定社会地位的客户，单纯靠利益驱动，是很难裂变的。这个时候就要考虑如何"让我长脸"。

我们可以靠荣誉驱动、圈子驱动、认可驱动，等等。举个例子，我每次去其他地方上课都会发朋友圈，发朋友圈能让我赚钱吗？不一定。那我为什么愿意分享？因为我要在朋友圈塑造出我是一个爱学习的人，这样我吸引过来的，也是爱学习的人，时间长了，我身边的人脉就会越来越高端。

我是在借助场域的力量，来提升我的个人形象，"让我长脸"。如果大家在裂变转发的时候，能够把"与我有关，让我长脸"结合在一起使用，那么裂变的成功率是非常高的。

3）ABCD 模型

大家在裂变的时候可以使用 ABCD 模型。

A 是实体产品；B 就是一个折扣权益；C 是服务；D 是圈子。

举例，客户参加我的裂变活动以后，再买我的 A 产品，可以享受八

折优惠 B 权益。然后我会送一个 C 服务，例如提供 1 年的健康管理咨询服务，我们不能只给客户产品，一定要提供一个持续性的、高触点的服务。最后是帮客户打造一个 D 圈子。这个圈子可以是线上的一个社群，也可以是线下的一个场景。

举个例子，我做裂变的话，可能会采购 100 本书籍，然后做一个"助力拉新"活动。这本书让我受益了，我的企业也发展了，现在我想帮助身边的人做出改变。只要帮我邀请 3 个人，就可以免费获得一本价值 98 元的《数字化颠覆者》书籍。

这样的一种方式，既可以帮我"拉新"，也可以"让我长脸"，是非常好的一个裂变模型。这就是我在营销环节的一些落地方案。

产品板块

设计产品是为了服务业务，做业务是为了更好地把产品卖出去，所以流量跟爆品是我的左右手。我在设计产品的时候，会进行产品分层、分级和分类。

1. 打造爆品

举个例子，我们要做一款爆品，很多人觉得低价就是爆品，其实不是这样的。爆品一定是低价格、高价值的，而且要有核心竞争优势。我认为流量入口的爆品从某种程度上来讲，比后端的产品还要重要。因为后端的产品再好，前端的产品不够爆，流量入口不够大，客户也没有机会体验到后端的产品和服务。

针对爆品，我们公司的硬性规定是"0.8""1""1.1"。

什么意思呢？我可以承受"0.8"的亏损和"1"的平进平出，并且赚的钱不能超过10%（1.1）。说到这里，很多人又会产生新的疑问，比如我们行业的毛利很低，做不了。这种情况下，我们就可以往上看一看，你的客户在买你之前在买谁；往下看一看，你的客户在买你之后还买谁。一定不要陷入到产品思维当中，而是要基于用户思维去思考，这一类用户到底要的是什么。

我们团队的伙伴在选择爆品方面总结出了五点建议，分享给大家。

1）选择市场上的刚需品

当然，这个我们只是在初期阶段，流量刚开始获取的时候，一定要选择市场刚需品，这样才能吸引更多的人购买。

2）选择教育成本低、有共识的产品

就是说我们不要去创造所谓的某个概念，有些人很喜欢自己的产品，就喜欢讲述一些新发明的词语或概念，大家都听不懂，他就只能不断地去解释，但是越解释，客户越头疼，就会觉得自己不够聪明，这个教育成本就太大了。

3）产品必须符合复购逻辑

我们设计一个爆品，核心目的是追销后端的利润产品，如果我们的爆品不具备复购逻辑，那设计出来就没有意义了。

4）产品的体验感一定要非常强

尤其是入门的爆品，体验感要强，要让客户当下就能获得满足。我们很多做老板的，可以延迟接受满足，例如第一年不挣钱，第二年也不挣钱，等第三年再挣钱，但是客户是不行的，如果我们的产品不能立刻给客户带去好处或好的体验，客户很快就会失去耐心，从而对你的品牌和后端产品都会失去兴趣。

5）产品的毛利一定要高于60%

只有高毛利才能够具备规模化的可能，我们才有足够的钱分给渠道，分给团队，去平台投流，如果我们的产品始终就是卖9.9元，请问我们连在平台上获得更大曝光的钱都没有，怎么能继续下去呢？只有把10元的产品卖到100元，拿出70元去做广告，赚剩下的20元，只要我们的产品足够好，服务足够好，客户是愿意为它的价值买单的。

当我们把爆品流量做得足够大之后，再按照产品漏斗模型，引导客户购买入门产品、利润产品、明星产品和王牌产品。当然，有条件的话，我们还要设计自己的防御产品，防止竞争对手过快抄袭。

2. 数据驱动

我们公司的核心理念，就是数据驱动业务发展，这是我反复和团队强调的。因为我本人是在国外留学，也算是在国外长大，我们习惯性用数据思维来判断事情。

国内很多企业家，大多是凭着自己的行业经验和感觉来做事，来做决策支撑，这是很危险的，这个时代已经在变了，如果没有数据，怎么做测算？怎么做分析？怎么做财务驱动？

就像开车需要导航仪，需要有仪表盘，如果你连这些都没有，你怎么开车呢？所以在数字化转型的浪潮中，数据分析和数据算法是很重要的点，每家公司都要养成靠数据来驱动自己决策、驱动自己做事。

举例，产品漏斗的测算。比如最上面的第一环流量产品，导入进来1万个客户，漏到下面的第二环入门产品，就会产生一个转化率。再往下漏到第三环利润产品，又会产生一个转化率。如果我们能把每一环的转化率都测算出来，是不是就只需要思考把最上面的一环做到多大就可以了？如果我们要把漏斗做大，就需要思考我要付多少钱，可以获得什么样的曝光量，拿到多少的客户信息。知道客户的数量，我就能推算出月度业绩、半年度业绩和年度业绩。其实我们要做的事情就是不断地优化、调整和升级，我们的节点做得越细、越密，客户的转化率就会越高，我们的产值就会越高。

在产品板块的整个环节中，我觉得三个思维很重要。

1）初始阶段，公司运营的一切靠业务驱动，财务做好配合即可。

2）中间阶段，一定要靠财务驱动，预算第一，然后业务配合。

3）成熟阶段，一定是业务和财务融合在一起，这是很重要的

经营思维。

所以我们的产品线该如何去设计一个产品？首先跟业务流程去匹配，去做结合，同时结合财务数据算出每个环节的毛利率，假设说我在前期某个环节亏 100 万元，那么我在后期某个环节能不能赚回 100 万元？这样，我们就能对投入产出比有了一定的了解，知道快慢的节奏，这就意味着我们在前期的投放是不同的。

假设我赚钱的速度很快，那么我前期投放就会扩大，如果我现金流赚得很慢，那么我们在前端就不敢大规模投放，就是这么一个简单的逻辑。所以我们在做整个产品线的设计和打造时，就要把这些都考虑进去。

产品前端一定要有爆品，爆品能撕开市场、打开流量。爆品就犹如火炮兵，先对地面一阵猛烈地打击，轰完以后，机动部队再进去通过利润产品砍杀一波，最后靠步兵收割残留，一对一巷战，完成最后的成交。

看到没有，商场如战场，一切都是相通的。

你的爆品如何通过最快的速度曝光？前面我讲过，你要学会用全网矩阵做素材曝光，你要学会在全网种草做曝光，你要学会做小红书，你可以在百度百家号霸屏，你可以做喜马拉雅，你还可以做抖音，你甚至可以找达人传播，不管在什么平台，你利用你可以利用的一切，在任何传播媒介，在任何你客户可能在的地方，进行全方位的覆盖，做全网矩阵式的轰炸，这就是炮兵，所到之处都是你的轰炸声。

当我们全网曝光后，我们的核心目的是什么？就是希望通过这些素材内容，让感兴趣的客户看到，并且点击去获得背后的资源，然后就会获得源源不断的客户咨询，我们通过大量的客服把这些客户咨询转换成相对精准的粉丝。这就是骑兵，在泛粉中筛选准粉出来。

最后就是我派我们的销售和业务团队，与粉丝客户进行一对一成交，这些客户通过都是体验过我们的前端产品，也就是被轰炸过，诱惑过，对产品有好感，有兴趣的。这个时候就是步兵进行一对一巷战，一对一沟通，一对一谈大单的时候。

基于这样的模式，我们就完成了整个产品从爆款到成交的全过程。

最后关于设计产品，还有一个 FABE 商业模型，我也通过这本书和大家分享一下：

F 就是 feature，就是去思考我们的产品特性是什么。

A 就是 advantages，就是去思考我们产品的优势是什么。

B 就是 benefit，就是当客户购买我们产品后能获得哪些好处。

E 就是 evidence，就是客户拿出证据证明我们的产品很超值！

这件事情是要老板亲自去做的，老板就是最大的产品总监，总结一下，好产品就是高毛利、高复购、强体感。当你找到或设计出这样的产品了，你就可以形成一个标准化的文档，给到我们业务团队，此时，你

已经有了详细的子弹，你可以招兵买马，派他们上战场杀敌了。

这就是产品板块的整个运营思路。

团队板块

在打造团队的过程中，我的心得就是老板一定不能怕麻烦。做团队是一件很苦、很累、很挣扎的事情，只有自己做过才会知道。但是一旦做好了，一辈子受益无穷。

1. 基于数据做拆解

我在做团队板块的时候，我的做法就是基于数据做拆解，并且要拆得足够细。我之前说过，我们是左手抓流量，右手抓爆品，顶层抓运营。

所以我们把一家公司拆分成三家公司。

第一家流量公司，只做流量，它的培训、赋能、绩效、考核，全部都是基于流量数据去做评估的。

第二家销售公司，只做销售，每天流量公司会把客户信息导入到微信里，销售人员只要沟通、谈单、成交就可以了，流量的事不用他管。

第三家供应链公司，只做生产。

三家公司相互做生意。流量公司把客户信息给到销售公司，销售公司采购供应链公司的产品去做销售，供应链公司根据客户的成交数据倒推回来，给流量公司提供更好的流量产品，从而形成一个完整的商业模型。

2. 带团队具体落地

很多知识和道理学会以后要正式落地，那具体怎么落地？在我们做团队管理的过程当中一定要"弹性化"落地。

例如在规划组织架构的时候，一般要写三个版本，0—3000万1个版本，3000—5000万1个版本，5000万—1亿1个版本。很多人上来就想干1个亿，但自身条件又不具备1个亿的组织架构，这做到最后肯定是"痴人说梦"，黯淡收场。

每个人都要从0开始，就要用3000万的版本实施组织架构，甚至有些公司规模更小，你还要进一步细分，尽量符合你当下的团队配置。在做团队的过程中，我的心得和体会是："我们做老板的一定不能怕麻烦"。要记住，带团队是一件很苦很累的事情，我希望大家把这句话天天写100遍，贴在自己的办公室。

你只有自己做过才会知道，那是很挣扎、很纠结、很复杂、很反复、很难受、很烦躁、很无力、很痛苦的事情。但是你一旦做好了，这是让你一辈子受用无穷的。

很多时候，事情之所以无法落地、无法执行，就是因为我们是在和

人打交道，这是很难的，有各种"攀比""嫉妒""懒惰""唯利""情绪""沧桑"等东西在里面，人性这个东西很难跨越，那我们面对团队里这些复杂的东西，应该怎么办？

我的经验是一定要拆解得足够细，那基于什么拆呢？就是我前面说过的基于数据去做拆解。一开始肯定是将公司团队的成员小组化，一个小组 5 人，最多不超过 10 人，不断分组，每个组的战略、战术、方法、文化最好都不要一样。一旦某个组出现一些人性方面的问题，可以全组都砍掉，也可以把里面优秀的人调离到其他组。这样就最小程度地减少了组织内耗，避免了"一颗老鼠屎坏了一锅粥"的现象。

用这样的架构，当你发展到一定的阶段和程度时，就可以开始小组部门化，以部门或公司为单位，去运营就可以了。也就是可以形成流量部门（公司）、销售部门（公司）、供应链部门（公司），三者相辅相成，相互牵制，形成良性发展。

那什么时候是关键节点呢？前面我说过，左手流量，右手爆品，顶层运营。这个"流量、爆品、运营"金字塔的核心前端是流量。

那么对流量部门来说，所有的考核、所有的赋能、所有的绩效都是基于流量去做评估的。对销售部门来说，只做销售，只要负责每天的沟通、谈单、成交就可以了。最后对供应链部门来说，只需要做好生产，把产品交付好就行了。

这就是具体的落地方法，我们要站在高维把企业做拆分，再拆分，把公司做小，最后才能落地。

假设说，你公司有 200 人，你会具体怎么做？你不可能把 200 人放在同一个场景中吧？比如说你在某个产业园，你可能会分 5 个区域，每个区域为一个独立部门，满编是 40 人，由一个主管负责。这 40 人有可能拆分成 4 个小组或者 8 个小组，再各有一个组长，这些组长向主管汇报工作。

对公司老板来说，管理好这 5 个独立部门即可，这 5 个部门都隶属于一家公司，但是彼此又不认识，或者不是很熟悉。老板开会只要和这个主管开会即可，主管设定自己的运营逻辑和考核方法，最终朝着公司的既定目标去完成就可以了。

那对这些独立部门来说，作为主管应该怎么拆分？那就要拆解到具体的岗位职责。对我们做数字化运营的人来说，建立私域的底层逻辑是有数字化的基建，这就包括微信账号、抖音账号、小红书账号、百家号账号等，这都是日常的基本配置。

不同的岗位人员有不同的专项工作，例如一个公司有几百上千个微

信，那么岗位就要做不同的细分。

1）做账号管理的人只要去做好这些微信账号的管理，其他事情不用去操心；

2）做流量的工作人员，按照公司的种草策略和广告投流规则，做好流量就行；

3）做机制政策的工作人员，只需要去学习并了解每个平台规则的动向，如有哪些新的算法调整、有什么防范措施。

4）做测试的工作人员，就是看看网上有哪些新的平台，新的流量玩法，或者新奇的可以测试的东西。

不管这个岗位具体做哪些工作，有一个核心本质，就是他只做他岗位上的工作就可以了，其他与此相关的事情一律不做。这样他们之间在小组内，既是相互的，也是独立的。

比如账号的管理。每个人的账号都是你在手里养号、护号，如果一个月下来账号没问题，就给你奖励。但如果在你接手后，以周为单位，7天内被封号了，那就属于你的问题了。

那有人就会发牢骚，说："这怎么能够养护账号啊，怎么可能不被封号呢？"这就需要大家的深度沟通与配合了。如果大家精诚合作，没有出现账号损失的情况，那肯定是有额外的团队奖励的。

再往下拆解落地，就是绩效和薪酬了。

通常一家以数字化驱动的公司，常见的薪酬模式是：底薪＋绩效＋提成＋奖金。

我建议大家带团队，不要排斥"00后"，而是要欢迎他们，这是新生代的力量，是新鲜的血液，我带的团队基本都是"00后"，他们是生活在Z时代的人，本身就具有流量思维，有天然的互联网基因，带领这样年轻的团队，不要把自己当成老板，不要用过去那些老人的方法摆谱。

我们要做到三点：

1）足够的尊重；

2）足够的授权；

3）足够的包容和爱。

告诉这些年轻的孩子，允许他们每个人在既定的框架范围内做低成本测试，一旦赛道跑通（最小MVP路径），就可以放手去做，公司做最大可能的支持。但前提是，一定要风险可控，成本可控。

其实跟"00后"沟通是很愉快的，和他们在一起，一定要和他们想在一起、玩在一起、干在一起，这是非常关键的。当你真正彻底了解这一代人内心的精彩和丰富时，我们再去设定绩效就会起到事半功倍的效果。

同时要注意，我们不是为了绩效而设定绩效，我们最终的目的只是为了岗位成长、部门发展、公司布局。在我们招聘团队的过程中，不要过多地在乎学历，因为"好汉不问出身之处"，但是有一点很关键，要问"你爱不爱学习？爱不爱总结？爱不爱复盘？爱不爱真诚沟通？"这四爱，我觉得很关键。

每个员工到公司都只有两个目标，第一个是我要赚钱，第二个是我要成长。钱是他们付出劳动应得的东西。但这些东西在很多"00后"眼里并不是最重要的，我接触了很多年轻人后，最大的感受是，他们很在乎成长，他们希望在家族能证明自己。

所以我们在选人的时候，要植入成长型的概念，如果一个人不愿意思考、不愿意成长，其实这也不是我们值得长期投资的人。对老板来说，员工也是我们投资的一种资产。

通常，我们建议的标准底薪是4000元，这在二、三线城市基本可以生活，既不高也不低，属于基本生存线。

那么绩效呢？我会按照他们获得流量不同，或者客户咨询数不同，或者洽谈人数不同，进行阶梯式的发放。

至于提成，是根据实际的留存客户，例如进来100个流量，到工作人员手中，有效客户只有40人，最终成交的只有20人，那提成就是按这 20 人来计算。

最后奖金的话，我建议走 PK 制，可以是个人与个人做 PK，也可以小组与小组之间做 PK，甚至部门与部门之间做 PK。

这么一套规则制定之后，在具体的落地当中，第一个月全部不谈绩效，不谈奖金，不谈提成，所有人只做好一件事情，就是从 0 到 1 的起盘。

这一个月只做一个东西，叫数据，要让每个人都知道，他自己的能力在哪里、自己的"数值"在哪里。这样当下个月指标出来，公司开始"定值"的时候，每个人都会心服口服，而不至于喊着："哎呀，要求太高了，我不行啊，老板在给我造梦，在给我画饼。"

以第一个大家实际的平均数值来做依据，很多时候，任务完不成，就能知道是公司产品的问题还是模式的问题，抑或是员工自身的问题。这个时候再做绩效就会很公平了。

而且当初始的数值跑出来后，我们进行小组分类，最顶尖的小组放第一梯队，以初始数值为准，增幅 60%，第二梯队的小组增幅 40%，第三梯队的小组增幅 20%，在这个增长过程中，能力越强的人，增幅越高，收入也越高，很容易形成公司的榜样，全公司向他学习，这会让这

些年轻的"00后"孩子很有光环，荣誉感爆棚。

这在落地执行的过程中，让他们每个人都明白两点：

1）他们能做到，我也能做到；

2）只要做到了，就会有好处。

再往后，就是持续每周二、四、六的培训。

培训时间不要太长，现在的年轻人不喜欢文山会海，不喜欢老板讲话，这个每周的培训就是学习分享，让那些做得好的人，那些业绩优秀的人带着其他人在会议室做总结、做分享。

老板只需要带着秘书把这些分享记录下来，鼓励、支持就行。会议结束后，有条件的可以形成文档，全部门宣传。

有些公司，同时也会进行日常的早会和晚会。这种会议一定要短，现在的员工天不怕，地不怕，就怕老板讲废话。所以例会每个人顶多讲3分钟，最好以小组为单位，一组5个人，组长发言3分钟，接下来每个组员讲3分钟，15分钟会议必须结束。

另外我的习惯是在开会前，每个人一定要有准备，我们不是等人到了开会现场再临时思考，那是在浪费大家的时间，我们需要的是高效率，任何会议超过30分钟就没有意义了。

每个员工都不喜欢开会，所以过来直接讲事儿，讲完就完事了。讲完之后谁干啥，谁干啥分配完毕，干完之后给什么奖励，直接结束。

会议的次数可以频繁，但是会议的时间一定要短，这是我带"00后"团队的一个新的认知。我前面说过要和他们一起成长，所以开会，开到最后就是"越开越会"，开会的过程就是统一思想，统一行动，提升能力。

那怎么和团队玩到一起呢？我在公司从来不称我的小伙伴为员工，因为发自内心地换位思考，你希不希望别人喊你是员工呢？

我曾经在朋友圈上发文：
"我不是任何人的员工
任何人也不是我的员工
我是大家的服务者
我只是提供了让每个人都可以去绽放自己的平台
所以，真正的教育不是灌输知识，而是去启迪他们的智慧。"

就像在公司，大家喊我，都是浩岩哥，或者胡哥，我很接受团队这样的氛围，只有当老板深入业务一线，才能从每个人身上学到东西。有时候我觉得自己玩流量已经是个高手了，但是在有些"00后"面前，他们的能力超乎我的想象。

大家下班后可以一起玩，一起打篮球，但是在工作的时候，不能太亲密，你可以提建议，同时要给出解决方案。你不能没有方法，只是一味地提问题，这是不可以的。

我觉得我们只能给一个思维、一个框架或者一套逻辑，更多地让他们去开创，他们每个人都能弄出两到三种玩法，很多获取流量的方法都是我之前从来没想过的。

所以和大家干在一起，才会明白，看似我是老板，我是教练，我是师傅，其实我又是他们的学生，我也在不断学习，这种过程就叫迭代。而且所谓迭代一定要密，不能以年为单位，也不能以月为单位，更不能以周为单位，要以天为单位。

我倡导和伙伴们天天工作在一起，老板每天都要虚心问大家："哎呀，你这个怎么弄的？跟我讲一下嘛。""天啊，你又开发出什么新东西了，这玩意太厉害了。跟我分享一下。"

当你不断去尊重他们、引导他们、鼓励他们时，他们每天就会有很多灵感讲给你。然后可以准备个"大鼓"，每次有好东西，就"咚咚咚"敲一下，然后说："牛批了，又有干货分享，新玩法被开发出来了，有请××分享。"

有些人可能不善于总结，那你就要去引导他、培训他、授权他，他讲一遍，你再讲一遍，当总结出来的方法测试可行，立刻就给激励，有时候给个 200 元，可能看着不多，但是感觉很爽的。

有时候，我还会取名，这是"李氏裂变法"，这是"张氏获取法"，这是"胡氏爆款短视频打法"等。用他们的名字去命名，表面上这些孩子不说什么，其实心里得意得很呢。

然后下班回去的时候，有些人就会针对今天的工作方法做一个很长的思考，进一步地优化完善，其实这些都没有要求他们做。但是我的团队总会给我一些自动自发的反馈，在这方面，我觉得我带的团队是让我很自豪的。

我认为带不同年龄层的团队，尤其是"70 后"的团队，"80 后"的团队，"90 后"的团队，思维和方法要完全不一样。

1）我们要从年代的维度去做分析；
2）要从这群人本身所从事的岗位角度去做分析；
3）从他本身的成长环境去做分析。

我不能说我上面带团队的方法是最正确、最厉害的，这些案例仅供各位读者参考。

133

　　我就是通过这套方法，用 1 年的时间从 300 万元做到了 3000 多万元，而且还在不断裂变。我觉得这套思维体系很重要，所以才在这一章节无条件地分享给各位。

　　过去，没有人教我们怎么创业，也很少有人教我们怎么当老板。而在这个数字化时代，更没有人教我们怎么拥抱数据，分析数据，做数字化的颠覆者。

　　我们每个人只能基于它原有的体系，硬着头皮去做数字化，去升级，去改变，其本质都是想验证一下，数字化的方向究竟在哪里。

　　那现在我自己已经成功了，所以我也想帮着大家一起走上数字化转型这条路，每个人都需要从 0 开始起盘，带团队很痛苦，也很难，所以我经常讲数字化人才是未来真正的人才，只有数字化"私域军校"才能培养出这样一个个精兵强将。

　　大家不需要从 0 开始验证，因为我已经从 1 走到 10，我也通过 10 放大到了 100，证明我的这套理论体系是完全可操作的。那么我建立了数字化"私域军校"就是要帮助每个创业者从 0 到 1，然后去做放大，最终让每个人都能创业成功。

　　长江后浪推前浪，江山代有才人出，我现在的数字化团队，大概每

个部门在 30 人，我其实在写这本书的时候，也是在不断学习，不断优化，不断迭代，不断拓展。欢迎大家有机会，可以加入我们的团队，大家一起学，一起玩，一起干，一起收获丰硕的果实。

第四章　中国式数字化和未来商业

一、全面赋能：中国的数字化颠覆者

在全球化和数字化的双重驱动下，中国已经进入了一个全新的现代化时代。这个现代化并非简单地复制西方模式，而是创新性地融合了中国的社会实践和数字化的新技术，形成了一种中国式现代化。

而在这一过程中，数字化技术不仅起到了颠覆性的作用，更是全面赋能于各个领域，推动了中国式现代化进程。

数字化的全面赋能，是指通过数字化技术，释放个人、企业、社会的潜力，实现个体的发展和社会的进步。在中国，这一理念已经渗透到了各个领域，无论是教育、医疗、交通，还是农业、制造、服务业，都在借助数字化技术，实现自身的现代化。

而在这个过程中，我提出了一个新的概念，叫"数字化颠覆者"，它旨在通过新的技术手段，赋予个人和社会新的可能性，从而不仅改变了人们的生活和工作方式，也推动了社会治理的数字景象。

这个概念在中国式现代化中有着至关重要的影响，越来越多的"数字化颠覆者"前赴后继地涌现，有些已开始初露锋芒，并在未来的科技发展中大显神通。

在中国，有两个案例特别能够展示"数字化颠覆者"是如何进行全面赋能、并实现中国式现代化的。

案例一：滴滴出行

滴滴出行，作为中国最大的出行平台，凭借数字化技术，彻底改变了中国人的出行方式。滴滴出行运用大数据、人工智能等技术，实现了供需匹配，提供了快捷、便利、高效的出行服务，满足了广大用户的多样化出行需求。同时，滴滴出行还通过数据分析，有效地缓解了城市的交通压力，实现了社会效益和经济效益的双重提升。

案例二：腾讯教育

腾讯教育，以数字化技术为核心，创新性地推动了中国的教育现代化。腾讯教育运用人工智能、大数据等技术，实现了个性化教学，使得每个学生都能够获得适合自己的教学内容和方式。同时，腾讯教育也借助数字化技术，大大提升了教学效率，实现了教育的质量和效率的双重提升。更为重要的是，腾讯教育打破了地域的限制，使得远程教育成为可能，让更多的人可以享受到优质的教育资源。

滴滴出行和腾讯教育的成功案例，都展示了中国式现代化中"数字化颠覆者"的威力。它们不仅颠覆了传统的生产方式和生活方式，更是全面赋能各个领域，推动了中国社会的全面现代化。在未来，我们有理由期待，这种由"数字化颠覆者"全面赋能的力量，将推动中国进一步走向现代化的新阶段。

"数字化颠覆者"不仅是赋能者，也是创新的驱动力。它通过推动创新，不断颠覆和重塑旧的行业和市场规则，推动社会向前发展。

例如，在金融领域，互联网金融的发展颠覆了传统的金融服务模式。在这个过程中，蚂蚁集团的支付宝和微信支付不仅为亿万用户提供了便捷的支付方式，同时也推动了中国无现金支付的普及。

在农业领域，农业物联网技术的发展，正在推动中国的农业现代化。借助大数据和人工智能等技术，农民可以实时监控农田的环境，精准施肥，提升农作物的产量和质量，实现智慧农业。

在公共卫生领域，例如，面对新冠病毒的挑战，中国利用大数据和人工智能等技术，有效进行疫情防控，既保障了人民的生命安全，又保持了社会的稳定运行。在此过程中，数字化颠覆者的作用尤为突出。

在社会治理方面，中国的数字化政务服务也正在进行深入的探索和发展。无论是电子政务平台的建设，还是大数据的应用，都在推动社会治理的现代化。例如，一些城市已经开展了基于大数据的智慧城市建设，使得城市管理更加科学、精准，极大地提升了社会治理的效率和水平。

以个人日常生活为例，智能手机应用已经深入到人们日常生活的各个方面，无论是购物、支付、出行、娱乐，还是学习、工作、健康管理等，数字化颠覆者们都在其中发挥了重要的作用。这种数字化技术不仅改变了人们的生活方式，推动了社会的现代化，更重要的是，它成了社会进步的催化剂。

它们既是赋能者，也是创新的驱动力，更是社会进步的催化剂。未来，随着数字化技术的进一步发展，我有理由期待，每个人都将成为"数字化颠覆者"，并在中国的现代化进程中发挥出难以想象的作用。

二、生成式人工智能：AIGC 在各行业的创新应用

生成式人工智能（Artificial Intelligence Generative Capability，简称AIGC）是当今最具发展潜力的数字技术，艾瑞咨询预测，2023 年中国AIGC 产业规模约为 143 亿元，2028 年，中国 AIGC 产业规模预计将达到 7202 亿元，2030 年中国 AIGC 产业规模有望突破万亿元，达到 11441亿元。

AIGC 是指人工智能根据人类预设的规则和目标，自主创造新的知识、情境或产品的能力。简单来说，就是我们利用"生成式 AI 智能路径"来获得新型的内容生产方式。包括文本生成、音频生成、图像生成、视频生成、跨模态生成、创新思维生成等。

说白了，过去人类的四肢可以被替代，心脏可以被替换，但是大脑无法替换。但是有了 AIGC，未来有可能替代人脑来分析、思考、讨论、工作，想想都是一件不可思议的事情，可它就活生生地发生在我们的世界中。

AIGC 在多个行业中的应用，正成为推动"数字化颠覆者"创新的重要驱动力，从而在全球范围内产生翻天覆地的变化。

生成式智能作为新的"数字化颠覆者"的工具，正在推动各行业的创新变革。它改变了传统的生产模式，使得人工智能不再仅仅是执行预设任务的工具，而是能够自主创新的"合作伙伴"。

2022 年 11 月上线的 AIGC 应用 ChatGPT，凭借其在语义理解、文本创作、代码编写、逻辑推理、知识问答等领域的卓越表现，以及自然语言对话的低门槛交互方式，迅速获得大量用户，在 2023 年 1 月突破 1 亿月活量，打破了以往任何 App 用户的增速纪录。

如果用专业的术语来说，AIGC的应用创新，其核心支撑技术为"生成对抗网络（GAN）/扩散模型（Diffusion Models）"与"Transformer预训练大模型"两类大模型分支。在国外AIGC应用展示出大模型的同时，我们国家的很多企业，包括百度、科大讯飞、阿里巴巴等也加强了相关产品技术布局，云厂商、AI大厂、创企、各行业公司及技术服务商等产业各领域玩家，纷纷发布大模型或基于大模型的应用产品及各类技术服务。

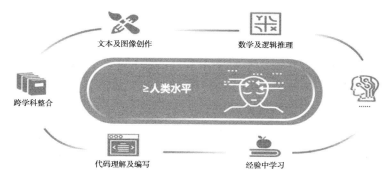

图 4-1 生成式 AI 显现通用人工智能雏形

更重要的是，AIGC生成式智能作为一种全新的思维模式，正在颠覆我们所有人的认知。在传统的思维模式中，人是创新的主体，而工具是执行者。而在生成式智能的思维模式中，人和工具都成为创新的主体，它们在创新过程中互为影响，共同推动创新的发展。

当我们把视线放到全球范围，AIGC生成式智能作为"数字化颠覆者"的工具，其影响力将会更加凸显。无论是教育、医疗，还是媒体娱乐等行业，生成式智能都在进行深度的改革，推动着全球的现代化进程。

它使得教育资源的分配更加公平，医疗服务更加精准，娱乐体验更加丰富，从而提升全球公民的生活品质。同时，生成式智能也在推动全球经济的发展，创造新的就业机会，推动社会的繁荣。

在教育行业，生成式智能可以根据学生的学习情况，生成针对性的个性化学习计划和教材，提高学习效果。它也可以自动生成题库，助力教师降低出题的工作负担。

在医疗行业，生成式智能可以自动分析患者的病历和检测数据，生成个性化的治疗方案。此外，生成式智能也可以协助科研人员开展药物研发，通过对化学结构的自动生成，大大提高新药研发的效率。

在媒体和娱乐行业，生成式智能可以创作文章、音乐、电影和游戏。例如，可以自动生成新闻报道，或者根据用户的喜好生成个性化的音乐和游戏。

下面，我来给大家梳理一些 AIGC 可以落地应用的领域，给正在阅读这本书的你，也就是我们未来的"数字化颠覆者"一些参考。

1. 计算机领域

1）应用开发。AIGC 可以智能设计程序或算法，辅助人工进行应用开发，减少人工成本，提高程序开发效率。

2）代码编写。AIGC 提供智能编写代码，降低代码错误，提高代码运行效率，降低人工成本。如 GitHub Copilot Replit 的 Ghostwriter 为人工智能驱动的编程助手，可以对代码提出建议，辅助编程。OpenAI 大模型＋演进算法训练 AI 写代码并修改代码。

3）硬件设计。AIGC 可以辅助进行芯片设计等计算机硬件设计，降低人工成本，提高设计效率。谷歌在 Nature 上发文章表示，AI 可以在 6 个小时内生成芯片设计图，而且比人类设计得更好。

2. 金融领域

1）金融资讯。基于算法自动编写资讯，将部分采编工作自动化。提高资讯生成速度，提高热点捕捉能力，增加资讯的时效性。

2）虚拟客服。为金融客户提供虚拟客服咨询，降低人力时间成本，为精准客户提供个性化服务。

3）数据报告。24 小时不间断工作，辅助分析师抓取数据、进行数据分析、初步的报告生成。提高数据分析的时效性、全面性、准确性，减少人工成本，提高分析效率。

3. 电商领域

1）产品 3D 设计。基于不同角度的商品图像，借助视觉生成算法，

自动化设计商品的 3D 几何模型和纹理。在分钟级时间内完成商品的 3D 拍摄和生成，精度可达毫米级。全方位展示商品外观，大幅降低用户选品沟通时间，提升用户体验感，快速成交。如阿里巴巴每层每屋业务就利用 AIGC 技术，实现线上"商品放家中"的模拟展示效果。

2）在线试穿。AI 算法生成的 3D 商品模型可用于在线试穿，高度还原商品和服务试用的体验感。购物转化率显著提高，较行业平均水平提升 9 倍，同比正常引导成交客单价提升超 200%，退货率明显降低。如优衣库虚拟试衣、阿迪虚拟试鞋、周大福虚拟试珠宝、Gucci 虚拟试戴手表和眼镜、宜家虚拟家具搭配、保时捷虚拟试驾等。

3）虚拟主播。基于视觉、语音、文本生成技术打造虚拟主播，为观众提供 24 小时不间断的货品推荐介绍。填补真人主播直播间隙，24 小时不间断连播。加速店铺、品牌年轻化进程，拉近与新消费人群距离，人设更稳定可控，不怕"塌房"。如欧莱雅、飞利浦、卡姿兰、完美日记等品牌均已推出自己的品牌虚拟主播。

4）客服咨询。AI 虚拟客服，智能问答、自动回复、及时解决消费者问题，全年无休、无接待上限、相较人工节约 80% 左右的成本。如京东言犀 2.0 每天可提供 1000 万次的智能服务、每月 200 万小时通话语音。

5）广告素材生成。自动生成营销文案、宣传图片，提高个性化和针对性。如阿里巴巴的 AI 设计师"鲁班"可以为商家生成海量广告素材。

6）虚拟场景搭建。通过从二维图像中重建场景的三维几何结构，快速、低成本、大批量生成可交互的三维购物环境，提升沉浸感和消费体验。如阿里巴巴的虚拟现实计划"Buy+"，提供 360°虚拟的购物现场开放购物体验。

4. 娱乐领域

1）AI 换脸应用。生成 AI 换脸图像或视频。用途多为社交平台分享，较大满足用户猎奇的需求，成为破圈利器。如 FaceApp、ZAO、Avatarify 等图像视频合成应用一经推出，就立刻病毒式地在网络上引发热潮，登上 App Store 免费下载榜首位。

2）照片动漫化。提供原始照片、输入关键词和参数、选择风格和模板，即可自动生成动漫化图片，操作简单，满足用户猎奇需求。可以将照片转为动漫风格的产品。如 Befunky、ToonApp、Colorinch、SocialBook。

3）智能配音。为用户生产内容添加智能配音。只需输入文字内容、选择人声类型即可生成配音，进一步降低视频制作门槛。降低制作门槛，比普通机械配音更真实有感情。可以智能配音的产品如 Syntesys、

Murf、Listnr、Lovo、Play.ht 等。

4）变声功能。支持用户体验大叔、萝莉等多种不同声线，增加互动娱乐性，丰富用户体验。Voicemod 可以把用户的声音变成摩根·弗里曼、飞行员、航天员等八种不同角色。

5）趣味文字内容生成。主要用于为小说续写、人物世界观构建提供灵感，降低写作门槛，为小说作者提供便利。速度快，操作简便。如彩云小梦 AI 续写功能提供三条不同的故事走向供用户选择。用户可以与自己创建的人物开启文字和语音互动，AI 根据人物设定自动生成聊天内容。

6）虚拟数字人。AIGC 构建拟真人虚拟形象及可定义的虚拟形象等"数字化身"，可通过虚拟形象进行交互，如试穿服装、虚拟社交等。降低虚拟形象定制门槛，丰富用户体验。字节跳动旗下的抖音，推出名为"沸寂（pheagee）"的业务，其平台定位是"数字时尚创意平台"。此外还有 AI Studios、DeepBrain AI、Character Creator 等产品。

5. 游戏领域

1）NPC 生成。AI 收集大量的运动数据，学习人体动作，生成行走、跑步、跳跃等动作。整合文字转语音研究，根据语音同步影响嘴形、表情等面部变化。借助 AI 生成面容、服饰、声音和性格特征。

应用方面网易 AI Lab 研究人员设计语音文本匹配的全身动作序列。腾讯游戏光子 S 工作室《和平精英》团队携手腾讯 AI Lab、腾讯游戏 CROS GVoice（腾讯游戏语音）团队，基于深度学习在语音编解码器上的不断突破，将 AI Codec 应用于《和平精英》游戏中，在行业内率先实现 AI Codec 更低码率更高质量的语音编码，由此成为首个将 AI Codec 技术全面应用于游戏语音领域的产品。

2）环境生成。采用 AI 算法生成较大的开放世界环境，降低生产成本，提升地图规模，增加地图丰富程度。

3）逻辑生成。包括关卡生成、剧情生成、对战模式及平衡性测试。如腾讯 AI Lab 对自研的 2D 小游戏可实现几小时内生成 1000+ 关卡。腾讯"绝悟"AI 通过强化学习的方法来模仿王者荣耀真实玩家，包括发育、运营、协作等指标类别，以及每分钟手速技能释放频率、命中率、击杀数等具体参数，让 AI 更接近真实玩家的真实表现，将测试的总体准确性提升到 95%。

4）对战训练 AI 陪练。AI 与玩家在真实对战环境中交流协作，并在过程中向玩家传授职业级的策略与操作技术，帮助玩家迅速熟悉游戏玩法。王者荣耀在引入王者绝悟教学后，玩家单局游戏主动沟通的次数明显提升，提高了 PVE 玩法的可玩性。

5）模拟对手。通过模仿职业选手，掌握典型个人风格，玩家感觉像在与真实的职业选手对抗。增加游戏可玩性，丰富玩家体验。如腾讯 AI Lab 与《穿越火线》手机版合作打造了「明星玩法」——挑战职业选手。AI 通过模仿职业选手，掌握他们的典型个人风格，玩家则感觉像在与真实的职业选手对抗。该玩法上线后大受欢迎，对局数量较平时平均数提升了 3—4 倍。

6）集锦生成。根据比赛视频实现自动剪辑、自动配乐、自动配文案，生成速度提高，生成规模增大。

7）赛事解说。AI 可以根据比赛情况实现自动解说，节省人力成本，实现 24 小时不间断解说。

6. 教育领域

1）2D 教材转 3D。AI 将 2D 教材转写为 3D 教材，丰富了教材内容和教学内容，提高了学生学习兴趣，使教学内容更具体直观。

2）合成虚拟教师。合成虚拟教师，具有与传统教师相似的教学能力且能与学生进行互动，可个性化定制。提高教学趣味性，降低教学成本。

7. 工业领域

1）辅助 CAD 设计，将工程设计中重复的、耗时的和低层次的任务自动化，缩短工程设计周期。SketchGraphs 能够协助建筑师、工程师等用户使用 AutoCAD 和 SOLIDWORKS 设计 2D 和 3D 原型。

8. 医疗领域

1）个性化康复。AI 为失声者合成语言音频、为残疾者合成肢体投影、心理疾病患者合成无攻击感的医护陪伴。为患者提供个性化康复服务。如聆心智能是一个为心理健康提供数字化诊断和治疗服务的平台。

2）智能诊断。AI 辅助医生进行初步诊断，并且智能生成诊断报告，提高医疗效率，减轻医生工作量，帮助精确评估患者病情并及时对比。百度生物计算平台"螺旋桨 PaddleHelix"提供了一整套开源工具集和计算平台，支持构建针对新药研发、疫苗设计、精准医疗场景的技术方案。

9. 法律领域

1）法条检索。依据案情特点快速检索相关法律条款，辅助梳理法律适用条件。方便快捷，节约时间，减少人工成本，提高准确性。

2）案情分析。分析案件事实，并给出在不同情形下应当考虑的法律认定因素，对人工起到辅助判断作用。

3）法律文书撰写。AI 按格式和要求生成法律文书。

4）辅助司法裁判。提供既有法律资料比对，尤其是法律条文和司法判决，可以实现裁判文书的辅助生成、案件信息的自动回填等功能。2023 年哥伦比亚法院在裁判中使用了 ChatGPT 中的文本生成功能来增加说理依据，在裁判文书中，ChatGPT 给出了具体的法律条款、适用情形、立法目的以及宪法法院判例等内容，能够有效提升诉讼案件的处理效率。

10. 农业／食品领域

1）辅助质检。AI 辅助农产品质检，并生成质检报告，提高质检效率、准确度，减少人工成本。如百事薯片工厂应用机器视觉系统——相机为传感器，用以计算土豆大小、重量和数量，判断土豆是否质量合格。

2）配货建议。AI 根据历史数据分析，生成农产品配货比例建议。提高农产品销售效率，降低门槛。如可口可乐试将 60 台自动售货机全链路数据喂给 AI 算法，让其生成配货建议，其交易量增加了 15%，进补货次数反而少了 18%。

11. 艺术／设计领域

1）3D 模型生成。AI 根据设计需求，生成 3D 设计模型，降低设计门槛，提高个性化，减少人工成本，提高设计效率。如英伟达 Magic3D AI 可实现一句话生成 3D 模型。

2）AI 艺术创作。AI 辅助艺术创作，为艺术创作提供灵感，提高创作效率，提供多样艺术形式。

12. 旅游领域

1）旅游目的地描述。AI 自动收集有关各种旅游目的地的数据，包括景点、活动、历史和文化信息等，自动生成目的地描述、旅行建议和推荐内容。

2）数字营销。通过使用 AIGC 技术，在线旅游公司大幅提高了数字营销内容的效率和速度。确保内容的一致性和准确性，不再依赖人工编辑。提高用户体验，通过提供更多吸引人的创新内容吸引游客订购旅游产品，同时不再需要大量的人力资源。

3）客户服务。AI 可以自动整理大量的客户查询和问题，将它们分类和标记为常见问题和答案。并将其集成到客户服务系统中，使其能够自动回复客户的问题。通过 AIGC 技术，大幅提高了客户服务的效率，无须等待人工回复，降低客户服务成本，改善客户体验，帮助游客可以更快地获得答案。

AIGC 是颠覆性的，需要越来越多的数字化颠覆者们去探索和挖掘其应用价值，我相信还有领域有待开发，你目前从事的工作，未来会不会被 AI 替代呢？这是一个值得思考的问题。

作为未来最强大的"数字化"工具，AIGC 正在以其无可匹敌的融合

力量，对全球的各个行业和领域产生翻天覆地的影响。它既是赋能者，也是创新的驱动力，更是社会进步的催化剂。它的出现，让我们看到了一个更加公平、更加繁荣、更加智能的未来。

三、元宇宙：Meta 在企业和职业领域的应用

元宇宙（Metaverse）是一个融合了虚拟现实（VR）、增强现实（AR）和互联网的数字世界，其中的数字人作为虚拟世界的居民，正在引发业界的热议。元宇宙 Meta，作为这个数字世界的重要构建者和推动者，已经在企业和职业领域中表现出了巨大的应用潜力。

1. 企业领域的应用

在企业领域，元宇宙 Meta 的应用，主要表现在市场营销、产品展示、远程协作等方面。

市场营销。企业可以在元宇宙中创建自己的品牌空间，吸引消费者参与。例如，时装品牌可以在元宇宙中举办虚拟时装秀，不仅能节省实际的场地和设备成本，还能吸引全球的消费者观看。

产品展示。元宇宙的虚拟现实技术，使得企业可以以更生动、真实的方式展示产品。例如，汽车制造商可以创建 3D 模型，让消费者在元宇宙中"试驾"。

远程协作。元宇宙可以创建虚拟的办公空间，使得不同地点的员工

可以在虚拟空间中进行实时的沟通和协作，极大地提高了工作效率。

2. 职业领域的应用

在职业领域，元宇宙 Meta 开辟了全新的就业和创业机会。

新的就业机会。随着元宇宙的发展，会产生许多新的职业，如虚拟空间设计师、元宇宙营销专家、虚拟产品设计师等。这为正在寻找新的职业发展方向的人提供了更多选择。

新的创业机会。元宇宙也为创业者提供了无限可能。他们可以在元宇宙中创建新的业务，如虚拟餐厅、虚拟度假村等，或者开发元宇宙中的新应用，如虚拟游戏、虚拟音乐会等。

3. 元宇宙和数字人的未来

元宇宙 Meta 在企业和职业领域的应用，为我们描绘出一个充满无限可能的数字世界。而在这个世界中，数字人将成为一个全新的身份，可以在元宇宙中工作、学习，甚至进行社交活动。随着技术的发展和普及，这个虚拟的世界将与我们的现实世界更紧密地连接，为我们的生活和工作带来深远的影响。

让我们畅享一下未来的场景，元宇宙将如何进入我们的生活。

场景一：虚拟时装秀

为了展示其新一季的服装设计，一个知名时装品牌在元宇宙中举办了一场大型的虚拟时装秀。他们以 3D 模型的形式呈现了每一件新设计的服装，让观众仿佛能够触摸到服装的质地，感受到服装的流动性。这场时装秀不仅吸引了全球的时尚爱好者，甚至还吸引了一些在现实世界中难以参与时装秀的人。这让我们看到，元宇宙有可能改变时尚行业的规则，让更多的人能够参与到这个曾经只属于少数人的领域。

场景二：虚拟咖啡店

一位创业者在元宇宙中开设了一家虚拟的咖啡店，提供各种虚拟咖啡给元宇宙中的居民。顾客可能通过一些"即传式体感设备"真实地品尝咖啡，他们还可以享受到在咖啡店中的沉浸式体验，与他人进行社交，甚至可以购买虚拟的商品。这家咖啡店的成功，让我们看到了元宇宙中的商业模式有可能与现实世界完全不同，而这种新的商业模式也可能带来全新的商业机会。

场景三：元宇宙中的教育平台

一家教育机构利用元宇宙，开设了一个虚拟的校园，为学生提供各种课程。在这个虚拟校园中，学生不仅可以听课，还可以互动、讨论，甚至可以进行实验。这使得教育不再受到地理限制，学生在家就能接受高质量的教育。而且，由于元宇宙的交互性，学生们在学习过程中的参与度也大大提高了。这让我们看到，元宇宙可能会对教育领域产生深远的影响，改变我们的学习方式。

以上的案例，都让我们看到了元宇宙的无限可能，同时也让我们思考，随着元宇宙的发展，我们的生活、工作甚至社交方式将会怎样改变；这些改变又将如何影响我们的社会和文化；我们应该如何应对这些改变，以确保我们能够在元宇宙的发展中获得更多的机会，而不是被排斥在外。

在这个过程中，我们还需要面对的挑战包括如何保护数字人的权益，如何防止元宇宙中的欺诈和滥用，如何使得元宇宙更加公平、包容和持续。

这些，都将是我们在元宇宙时代，需要共同探索和解决的问题。

四、未来展望：未来商业的演变趋势

人类社会经历了原始社会、奴隶社会、封建社会、工业化社会、信息化社会，时代在变化，经济关系也在发生变化，商业模式也在发生变化。

奴隶社会没有商业，经济关系主要是奴隶主和奴隶的关系，奴隶主拥有的奴隶越多，财富越多。

封建社会的商业模式主要是地主与农民的关系，地主是剥削者，农民是被剥削者，地主拥有的土地越多，财富就越多。

瓦特发明蒸汽机，进入工业革命时代，资本主义高度发展，资本家拥有机器、厂房和资金，而工人出卖廉价劳动力只是为了生存，最终资本家拥有财富，普通工人很难实现财富自由。

现在已经到了信息化社会，商业模式发生了翻天覆地的变化。中国40多年的改革开放，走的是中国特色社会主义道路，吸收了国外先进的商业思想和经济模式，发展出了适合中国国情的商业链路，在这个经济高速发展的过程中，商业模式不断变革，让我先来给大家盘点过去几十年来已经出现过的商业模式，并且预测未来有哪些商业发展趋势。

1. 行销

第一种在中国出现的商业模式是行销，20世纪80年代出现了一批挑着担子卖眼镜、卖打火机、卖各种食品的人，这就是温州人，他们用智慧和家族文化，敢拼敢闯走遍千山万水，把小生意做到全中国，乃至全世界。

2. 店销

中国出现的第二种商业模式主要是店销，最初那些个体户通过"摆地摊"成为万元户，逐步开门店，开经销店，取代了传统计划体制的国营供销社等，第一批吃螃蟹的"老板"不需要什么较高的文凭，主要是靠胆子大，他们成为中国第一批民营企业家。

3. 连锁加盟

第三种商业模式是连锁加盟。20世纪80年代末期，麦当劳、肯德基等快餐店给中国带来了全新的商业模式，统一的门牌，统一的装修，统一的店员服务，标准化的流程，这样的商业模式把简单的汉堡和可乐卖到全世界。后来陆续出现各种品牌学习加盟连锁的现象，现在各种连锁酒店和连锁超市都是这种商业模式。

4. 直销

第四种商业模式是直销。这种商业模式是聪明的犹太人发明的，商品从厂家到消费者，省去中间环节，消费者可以通过与人分享获得收入，通过类似"金字塔"的制度获得高额收入。

雅芳进入中国后，不少公司采用了这种模式，也有很多成功的案例，少数公司背离了行业本质，不注重产品而只是拉人头，以失败告终。

直销这种商业模式需要政府加强监管，在保持行业优势的同时探索出符合数字化时代的新商业模式。

5. 电商

第五种商业模式是电商。20世纪90年代末、21世纪初，中国互联网高速发展，各种网站、电商平台陆续出现在消费者眼中，人们情不自禁地开始为网上一见钟情的商品甘愿掏出腰包。之后电商高速发展，通

过 20 年的一路狂奔，电商对传统商业造成了较大的冲击。现在已经成为了数字化时代下人们的主要购物方式。

6. 微商

第六种商业模式是微商。微信最初主要是方便人们沟通聊天，并且通过朋友圈展示自己的生活方式，也就是社交作用。后来第一批微商出现，他们主要是做化妆品销售，通过微信发送产品，发现这种方式能够很好地获客并实现销售，所以，他们就通过不同的级别，用坎级制度拿各种代理，投资越高，代理级别越高，折扣越低，基本抄袭的是传统美容院的拿货模式。这种模式不需要开门店，成本极低，获客渠道极短，可以直接接触到准客户，所以创造了不少的商业奇迹。

之后很多"90 后"加入了微商，卖香皂、卖洗衣液、卖酒、卖洗发水、卖保健品。这个行业是中国特有的商业模式，这几年遇到的最大问题就是量做大了以后，产品品质得不到保障，商业模式容易成为非法集资，售后服务很差，没有正规的培训，有些品牌市场口碑很差，所以起起落落，市场一边萎缩，一边又在野蛮生长。

7. 社交电商

社交电商业指的是通过分享网上购物平台，自己成为会员并发展会员，是第一批做微商的人，转型做的商业模式，2019 年后火了一两年。

这是分享经济下的必然产物，其商业模式需要线上和线下相结合，如果只是纯粹的线上发展，利用朋友之间的友谊和社交属性，来进行商业销售，是很破坏人脉的，且严重缺乏体验感和信赖感的。

所以这种模式很难稳健持久，前几年火了一阵的贝店、未来集市、小米的有品有鱼、淘宝的淘小铺、京东的东小店等公司最终都退市或消失了，这种模式或许很难成为主流。

8. 新零售

新零售也是近年来提出的新概念，也是线上和线下相结合，这种理念很好，但是在实现分享倍增的同时，仍然绕不开"拿下级返点"的怪圈，所以给人的感觉有点像直销又不是直销，有点像微商又不是微商。那你说它是传销吧，似乎又没有各种约束，所以新零售目前处在"夹缝中"。

对很多品牌来说，新零售的冷启动很难，需要强大的团队支持，可这些团队大多是"唯利是图""见风使舵"的，哪里有高利润、高回报、新鲜的产品，就去哪里，所以就会导致新零售这种商业模式寿命很短。

中国是拥有悠久历史的国家，深受儒家思想的影响，讲的是家文化，遇到好东西喜欢和亲戚朋友分享，这点无可厚非，但是最终还拿了"朋友的提成"，这种破坏友谊的行为是新零售发展无法迈过的坎。所以，单一的新零售发展前景目前看来还是有限的，需要通过数字化转型

来做更多的商业创新。

9. 直播

不得不说，直播这种商业模式真的改变了太多太多的线下生态，这也是中国经济发展到目前，效果最好、收益最高、爆发力最快的商业模式。同时它对线下实体和城市经济也形成致命的打击，如果再这样发展下去，任由头部主播这些小团队来席卷巨额的财富，这对国家的经济发展是有严重危害的。

有人说直播是一种趋势，我认为直播只是一种工具，是各行各业都会运用的一种工具，并不能代表一种趋势，也不能代表它能取代其他营销工具。

只是它在数字化时代拥有了得天独厚的优势，它是数字化发展过程中的产物，也让我们每个人看到，只要运用好数字化，做好数据流量价值的转化，这种工具在新型的商业模式配合下就能爆发出惊人的威力。

当然，目前的直播也有很多弊病，很多主播长期高强度地工作，不仅限制了实体经济的发展，还搞坏了自己的身体，因为开播就有收入，不开播就没有收入，他们很难实现被动收入和财富自由。而且直播的门槛很低，是个人开个摄像头就能随时开始，各种各样的风格都有人喜欢，所以发展很快，内卷也很厉害。

所以，直播这种商业模式还需要有更多的创新和变革，要尽可能地去中心化、去网红化，回归到商业本质，才能真正帮助每个人实现财富自由。

10. 未来商业

让我们畅想一下未来的商业会是什么样子呢？

首先，肯定是要有社交属性，这种商业可以通过"探索""穿越"等方式来实现人与人之间的交互，并且要有"镜像"和"真实"相结合。

我们试着把前面几种商业模式相融合，未来的商业既要有店销和行销的属性，还要有加盟连锁的特质，同时要具备直销的魅力。

其次，要有电商的便利性，有专业的服务，同时也能融合类似"直播"这样的工具。从传统的实体商业，到线上电子商务，再到未来的元宇宙商业，我们可以看到一个明显的趋势：随着科技的进步，商业界限越来越模糊，交互性和参与性越来越强，用户体验和个性化需求越来越重要。

未来商业的第一个显著特点是虚拟化。未来的商业将更加注重虚拟空间和虚拟商品的开发，像虚拟时装秀和虚拟咖啡店这样的事例将越来越普遍。与此同时，虚拟货币和区块链技术也将在虚拟商业中发挥重要

作用，使得虚拟商业可以更安全、更有效地进行。

第二个特点是交互性和社交性。未来的商业不再仅仅是买卖的过程，而是变成了一种社交活动。消费者可以在购物的同时进行社交，这种互动性和社交性将使得商业更加生动有趣。

第三个特点是教育性和体验性。如同虚拟校园的案例，商业和教育将更加紧密地结合在一起，消费者可以在消费的过程中学习和获取知识，商业活动将变得更加有价值和有意义。

我不禁想问大家，面对这种即将到来的"元宇宙"商业革命，我们是否准备好了？随着未来数字化的发展，我们可能需要对商业模式进行彻底的重构，我们要重新考虑我们的商业策略，并准备好在元宇宙中开展商业活动。而这些都需要我们有足够的勇气去接受新的挑战，去适应新的环境，去创造新的机会。

随着苹果 AR 头显的发布，未来人们一定会在"镜像世界"生活，而一种被称为"元宇宙商业"的模式将有可能成为未来最有趋势性、最有发展前景的商业模式。

未来将是一个充满无限可能和机遇的世界。只有那些敢于探索、敢于创新、敢于挑战的人，才能在这个世界中取得成功。在这个意义上，数字化、AIGC、元宇宙等不仅是一个新的技术或新的商业平台，它可能还是一种全新的商业哲学，它告诉我们，未来的商业，就是要更加开放、更加交互、更加有趣，也更加有意义。

第五章　数字中国，初心不改

一、永恒经典：传统文化与科技相融合

有人曾经问我，你年纪看上去不算大，阅历也不是很丰富，为什么你能写书？为什么你能讲述那么多东西？为什么你能把企业做好？

其实我之所以有资格写这本书，之所以有能力跟大家讲这些东西，是因为我从小在潜移默化地接触中国传统文化，我这具身体就已经是一个行走的经典。

我3岁开始读经典，读了26年，现在我还在读经典。我背后有无数的先贤、智者在与我同行。他们支撑着我，并借由我的身体，让思想流淌出来，其实我并不是一个人在战斗，说白了我就是古往今来千千万万智者的影子。

我出生在内蒙古呼和浩特市一个高级知识分子的家庭中。我的父亲是做珠宝玉石生意的，我的母亲是国家知名国学讲师，我的姥姥是小学骨干教师，我的姥爷是物理教授，我的小姨也是国学老师。

　　我在 1998 年随父母一起从呼和浩特迁到福建厦门，在那里度过了我小学六年的生活，到 2007 年，我又随父母到了福州，上了 3 年的初中，2 年的高中。到高二顺利会考结束，那一年我 18 岁，一个人背着行囊，去了新加坡，开启了留学之旅。

　　在新加坡，我上了一年的私立高中，然后考上了世界 500 强的大学——新西兰奥克兰理工大学。

　　2013 年，我开始了大学生涯，大学这 4 年其实给我的改变非常大，因为我到新西兰之后家里发生了一些事情。那一年我 20 岁，当时家里开着一个国学培训学校，却因为意外，被一把大火烧掉了。

　　雪上加霜的是，我父亲从事的珠宝矿石原材料行业，因为国家环保政策的调整被限制开采，整个行业受到了很大的冲击。

　　我人在国外，一下子被切断了所有的经济来源，那一刻我觉得那是我人生中非常重大的一个转折点，让我一瞬间就长大了。

　　然后我明白了几个道理。

　　第一，我们永远不知道意外跟明天哪个会先到来。我很感恩那场大火只是带走了我们家的财富，并没有让我们家任何人的生命受到损伤。所以从现在来看，我很感恩那段经历。

第二，这个经历让我知道了这个世界上没有人会永远陪着你，每个人一定要学会自力更生，要靠自己去挣钱。

所以在那一刻，我就萌生了非常强的赚钱需求。为了赚钱，我开始在国外打工。刚开始在新西兰，我不会说英语，只能去华人的 KTV 里工作。那时候洋人一小时的工资是 20 新西兰元起步，而我一个小时只能拿到 7.5 新西兰元。

当时我记得去 KTV 里，老板问我能干多长时间，我说了一句话：能有多长时间，就给我安排多长时间，因为那时候，我只有一个选择，我要挣钱活下去。

在那几年，我觉得自己成长得非常快，我洗过碗，一个人一晚上可能要洗将近 1000 个盘子；我干过后厨，之前在家里，我从来没有做过饭，现在却和我师傅两个人，一晚上要做四五百份餐。

我不知道把自己的手切破了多少次。记得有一次，我把带冰的鸡翅和薯条扔进油锅里，然后油溅出来，烫得我满身是泡。

我擦过马桶，很多客人喝醉后吐偏了，或者女客人上厕所，把卫生巾扔马桶里没有冲掉，我都要跪在旁边把这些擦干净，还要把手伸进去，把里面的卫生巾抠出来。

我给客人倒过酒，被客人把酒泼在脸上，虽然我以前是非常暴脾气的一个人，但在那一刻，我记得很清晰，我拿手把酒从脸上抹下来，然后微微一笑，说："对不起！"然后重新帮他倒了一杯。

　　因为那一刻让我知道，应该学会向生活低头，如果我发脾气，可能会失去这份工作，失去我在新西兰生活下去的资本和可能。

　　我烤过羊肉串，修过车，擦过车，卖过车。我做的一切都是为了让自己能活下来。

　　我记得在 2014 年、2015 年那两年，对我的生命最大的冲击是我每天早上 8:00 起床去学校上课，一直上到晚上 17:00 回到家休息半个小时，17:30 换衣服去 KTV 后厨上班，因为我必须提前把米饭给焖好，18 点开始焖米饭，18:30 客人正式上来。

　　我从 18:30 一直工作到凌晨 3:00。3:00 回到家，其实已经错过了睡觉的那个生物钟，那个时候我回去洗个澡，还要再把第二天论文完成，会写到 4:30 到 5:00，睡 3 个小时继续起来上学。

　　我的公寓到学校只有 15 分钟的路程，但是在那段过程中，我为了能够节省每天从学校到家来回的那 30 分钟路程，我一下课就背着书包冲进男厕所里，然后把书包挂在墙上，坐在马桶上靠着墙睡觉。哪怕 30

分钟也好，20 分钟也好，只要能有一点休息的时间，我就尽全力地去补充能量。

我记得很清楚，有一天早上，我考会计，印象非常深。我凌晨 6:00 才下班，因为那天晚上特别忙，而我 8:30 就要考试。我只好匆忙买了一罐国外的红牛、两个面包，啃着就去学校考试。为了能赶紧考完睡觉，我几乎是一边阅读，一边下笔，速度特别快，很快交了卷，刚走出教室，就睡着了。

而那次考试，我居然考了全班最高的 96 分，但是我并不开心，因为我觉得那段时间的生活压力太大了。我看不到未来，也不知道这样的生活和学习状态还要维持多久。

因为新西兰是四面环海的国家，有一次我走在海边，那天我真觉得压力太大了。我问自己，别人同样出国留学，他们都家境优裕，为什么 20 岁的我，需要面对这些生活的磨难？

所以，当我走上海边的一个悬崖时，我站住了，我知道只要再往前走几步，所有的一切都将结束，我不会再那么痛苦，不用那么疲劳，所有精神上的摧残和压力就将离我远去。

可如果我回头，我看不见前方的路，漫漫黑夜中，我不知道什么时候能熬出头，我觉得人生很迷茫！

那一年，我 20 岁，我准备结束一切，当我真的走到悬崖边那一刹那，我心中就升起两个声音，第一个声音是："天将降大任于是人也，必先苦其心志，劳其筋骨，饿其体肤，空乏其身，行拂乱其所为，所以动心忍性，增益其所不能。"

我觉得凡是我没得到我想要的，我一定会得到更好的。所以那一刻这是第一个在我脑海中出现的声音。

同时另外一个声音也响彻在我的脑海里："身体发肤，受之父母，不敢毁伤，孝之始也。"

是的，那熟悉的读经声出现了，我的眼前出现了一幅幅画面，那是我 3 岁的时候，有一天家里停电，父亲在案头点了一支蜡烛，然后把我搂在怀里，跟我一起诵读人生中第一本经典——《三字经》。

所以我的启蒙教育是从"人之初，性本善，性相近，习相远……"开始的。我上小学就读完了《三字经》《弟子规》《百家姓》《千字文》《朱子治家格言》。

上初中，我读完了《大学》《中庸》《论语》《孟子》这些典籍类

的书籍。上高中，我学习了《道德经》《易经》《黄帝内经》《诗经》《孙子兵法》等典籍，然后 18 岁出国。

我父母从小就对我的教育非常用心，让我反复接受传统文化的熏陶，之前我读的那么多经典，便成了我的知识储备，但是在过去的人生中，它并没有变成我生命中的一种体验和真正的感触。

但是当我真正走向悬崖的那一刻，我觉得原来这种传统文化的力量，它是真的存在，并深深地植入我的内心，我感觉先贤圣人都在支持我、鼓励我，让我能坚强地活下去。

一股股能量向我传来，让我的内心充满动力，我毅然地回头，不再有轻生的想法。我开始有勇气面对一切的挑战，我是龙的传人，是中华民族之魂，我绝对不能让列祖列宗失望。

那一刻，我发自内心地感谢中华传统文化，同时也感谢父亲和母亲对我的帮助和栽培。所以在新西兰的这段旅程当中，让我有了这样一段与众不同的体验，我获得了新生以及源源不断的内心力量。

重新面对我的生活，虽然依旧困难重重，但是我觉得内心开始充满着力量和向往。我开始明白典籍里讲的一些道理，之后我开始接触汽车销售，通过自己的不断努力，我从修车到卖车，跟在车行的经理后面，他去哪里卖，我就在后面帮他擦车，跟他去学习，并反复揣摩中国传统经典文化中的谋与术。

我一步一步提升自己的英语口语能力，提升自己的销售能力。慢慢地，我逐渐在新西兰站稳了脚跟，在不依靠父母的情况下，我可以自由地赚到自己的生活费。

所以那段时间我特别开心，第一次我的人生，开始有了自我价值的实现，在社会上我有独当一面的能力，有独自生存的能力。

在这里，我真的非常感恩传统文化。因为这些无形的力量，让我在22岁就赚到了人生第一桶金，我买了宝马5系、奥迪Q5、奔驰C63，住进了海边600平方米的别墅。

我自己从日本进车，进口到新西兰，再卖给当地的留学生，我成为车行的经理。我觉得在这趟旅程当中，对我的人生、我的目标感和我遇到挫折的抗压能力都有很大的改变。

2017年，大学顺利毕业后，我又申请了英国皇家理工大学收到了英国皇家理工大学的offer硕士管理学位，但是我并没有选择继续读书，因为我心中有一个声音告诉我，一定要"师夷长技以制夷"。

我出国学习，并不是为了留在国外。我只是想去学习国外好的东西，回到自己的祖国，去建设我们的祖国。

同时，我也始终奉行"父母在，不远行"。我父母只有我一个孩子，我也不希望离他们太远，所以在 2017 年我毅然放弃了在新西兰的所有东西，选择回国。

在这之前，我独自去了日本、韩国旅游，去了世界上很多的国家……2018 年 1 月 3 日我正式回到中国。2018 年 3 月份我去了深圳，开始我第一份在国内工作的实习。

刚回中国的时候，我连支付宝都不会用，什么共享单车我都没见过。3 到 6 月在深圳实习了 3 个月，6 月 15 日回到福州，开始创业。第一次创业，我选择的是国学教育培训行业，因为我觉得我是国学教育的受益者，我也感恩传统文化对我的帮助，所以我希望能够尽自己的一份力量去传播这样的事业，去影响更多的年轻人。

同时，我母亲在这个行业中也有很好的背书和地位，再加上当时的互联网，是微信公众号大行其道的年代，在微信生态中获取流量并不是很难，所以我吃到了那波红利。

2018 年到 2020 年，这 3 年的时间，我带着企业快速地攀升和成长，在这几年中，我赚了不少钱，但同时，我最欣慰的是，我没有花很多钱去买车、买房、吃喝玩乐、找女朋友，这些都没有，而是花了大部分的钱疯狂学习，不断投资自己的大脑。

这几年我花了 200—300 万拜访全国各地的名师，去跟他们学习，提升自己的商业功力和商业认知。我觉得这是我非常智慧的一个投资，反观这么多年，我明显发现我的事业在不断地永创高峰，到今天为止，学习给我带来了巨大的帮助和提升。

2020 年之后，国内开始出现疫情，而我的企业也出现了"熵增"，团队开始分崩离析，事业有了起落，而因为对数字化理解不够，我被各大平台割了韭菜，客户流失。

那个时候我开始思考，什么是"数字化"，怎么才能有新的颠覆，不同的行业应该如何顺利使用数字化工具。

我决定进入互联网数字化行业，在这个行业中，我看到了非常多有意思的东西，整个互联网从微商时代，到新零售时代，到社交新零售时代，再到之前我们说的平台经济时代，一直到现在的流量私域时代，而未来我们有机会一起进入数字化时代，我认为这是中国数字经济发展的必然趋势。

我们对标美国，其实美国也在经历这样一个变革的过程，它在数字化的标准和创造上是高于中国的，但是在深度、广度，以及实际应用上已经远远被中国甩开，我认为世界的发展格局未来一定是数据战争，是企业数字化之间的碰撞。

我父母亲那一辈"60后""70后"，他们是传统企业家，他们更多是基于感情，基于自己的感觉，基于自己的感受，基于自己的经验去做判断，而当我发现企业的发展如果没有数据作为依托的话，就像开车没有仪表盘，你根本不知道自己开了多少码，也根本不知道现在是什么转速，更根本不知道油箱里还有多少油。

我自己经营企业，从2020年开始，意识到数字化的重要性，当时我已经醒悟过来，如果一家企业没有数据化作为支撑，何谈去做出正确的商业决策呢？

所以我认为，首先，不是我想去"数字化"，而是我意识到，如果我不去"数字化"，我的企业难以得到发展和扩张，所以首先数字化思维的萌芽是去解决我自己企业本身的问题。

之后，我给我的企业开发App，给我的企业上了数字化管理系统、数字化财务系统、数字化营销系统，当我解决完自己企业的问题时，我发现原来我这些东西还可以去帮助别的企业解决他们的问题。

所以我从 2020 年开始去探索，到 2021 年、2022 年我有了雏形。我开始把自己解决问题的方案去提供给身边的人，为他们创造价值和解决问题。

在 2023 年，我接触越来越多的高人，我看到了中国数字化战略和数字经济带来的巨大发展潜力、经济回报和收益。我认为，我可以在这个数字化浪潮中去做些事情。

更重要的是，我自己评估过自己为什么要选择数字化这个行业。

因为现在大部分行业都不在自己的生命周期中，我无法在这些过去的行业中树立我的影响和地位，从中扮演重要的角色。

我想深耕一个行业，它是我们这代年轻人，我们"90 后"基因所能匹配的行业，是可以由我们大展拳脚、施展才华的行业，有机会能够去树立属于自己的江湖地位的这样一个行业，所以我选择了数字化，让传统文化与科技相融合，实现永恒的经典。

二、人心为贵：重回珍贵的心灵港湾

我创业有近十年的时间，说长不长，说短也不算短。当中我经历了很多，也看到了很多，感受到了很多。

而我能走到今天，为什么身边那么多贵人愿意帮助我？这么多老大哥喜欢把我当小兄弟一样护着我、托举我？我觉得很重要的一点，是因为我有一颗纯朴之心——你可以说它是"珍贵的心"。

我觉得可以把它称为一颗很纯净的心，或者很质朴的心。

因为，我在做任何事情的时候都是无所求的，前段时间我在朋友圈发了一句话："无欲无求，无私奉献的人是最无敌的。"我还发了另外一句话："当你通透了，你吸引的人也都通透了。"

但是很多时候，其实我们大部分人在做很多事情时，内心都是有所求的，这样就很难把事情做好。为什么我能够拥有一颗珍贵的、如如不动的心呢？

我还是要感谢我的经历。首先，我从小学习传统文化，我受到的教育就是"圣人无私而故能成其私"，世界上最大的自私就是无私。

《大学》里面讲的"国不以利为利，以义为利"，《易经》里面讲的"君子以裒（póu）多益寡"，这是我从小受到的教育。

其次，我的学生时代在新西兰度过，独特的社交圈和单纯的学生生活以及当地文化使我没有过早沾染职场的尔虞我诈。

没有经历的事情你是很难去想象的，那你自然也做不出来这样的事情。所以说是经历塑造了我这样的内心。

为什么很多人认为我很真诚？是因为我没有在不真诚的环境中浸染过。我的家庭，我所受的教育，我成长的国家，我接触的人，这些都教会我做人要真诚。

所以在我的眼里，很多事情我都觉得这很正常。所以，只有经历珍贵的环境和珍贵的教育，才能造就一颗珍贵的心。

在这个珍贵的心中，我觉得还包含着一颗感恩的心、一颗奉献的心、一颗爱国的心，还有一颗赤诚的心。我们不需要去求神拜佛，非要获得些什么东西。我觉得把自己的事情做好，无须去证明，做最好的自己其实就已经完美了。

所以说，让每个人都能以人心为贵，找到自己的心灵港湾，重新收获一颗"珍贵的心"，让我们回归初心，这是我们数字化颠覆者最重要的能力。

这颗心是简单的、质朴的、通透的、纯净的、光明的……这样一颗心其实就是让我们回到那个婴儿的状态，也就是老子说的那个"常德不离，复归于婴儿"。

为什么婴儿的眼睛很通灵、很纯净？因为他没有经历过世界的阴暗和复杂，婴儿没有分别心，他的心是不贰的。

当我们在一个充满光明的环境中长大时，怎么能做出黑暗的事情呢？每天都是阳光沙滩，人与人之间互帮互助，这样的环境会赋予我们像婴儿一样的人格。

所以一颗像婴儿一样的赤诚之心，这颗心是真正的合一，这颗心其实本来就没有分开过，它不是分裂的，它是与生俱来、圆满具足的。

可我们很多人，让这颗心离我们越来越远。所以，真正的数字化颠覆者，这辈子最重要的事情，是让这颗珍贵的心回归，无论数字技术如何变化，人工智能如何发达，我们让人类美好，回归纯朴、通透、光明的这颗初心不能改。

过去，我们每个人的心，最开始都是完整的，可在我们长大的过程中，接触到各种各样的人，体验到各种各样的经历，这颗心开始四分五裂了，现在我要呼吁每个人，让你的心一点点回来，合并成一个，一个通透心。

随着数字技术的发展，我看到大部分企业，做的大部分商业都是让我们开始产生自私心、嫉妒心、贪婪心、欲望心等各种各样的心，而这些心都是假象，是附在"珍贵的心"外面的一些脏东西。

我们在享受科技便捷的同时，要学会静心冥想，学会读传统文化，慢慢地把这些脏东西擦掉，当慢慢通透之后，呈现出来的那个本来的状态，就是"珍贵的心"，这颗心从来就没有分开过。

是的，你那颗善良、包容、慈悲的心从来就没有分开过，从来没有离开过，它一直都在，本自具足，是科技化塑造的虚幻假象把它给蒙住了，看明白这一点非常重要。

所以我们企业做数字也好，做科技也好，不能因为这些智能的技术而蒙蔽了自己的心，我觉得这颗珍贵的心是我们跟机器最重要的区别。

机器可以很智能，可以效率很高，但是它没有一颗真正的、纯粹无污染、像莲花一样洁白的心，就像婴儿的眼睛，永远是光明的。

那颗心里面包罗万象，无穷无尽，它其实包含了整个宇宙。宇宙在我心，我心即宇宙。

当通过一起共修、回到这颗心的时候，其实没有什么商业的烦恼，也没有产品上的束缚，每天都会是很快乐、很富足、很圆满、很通透、很质朴、很光明、很祥和、很喜悦的生活状态。

我自己的幸福指数非常高，因为幸福跟我有多少钱毫无关系，它就是一种单纯的喜悦。

我们不需要通过唱歌、喝酒来获得快乐，不需要通过商业上的欺诈、通过恶意抬高价格、通过打击竞争对手，来获得财富。

我希望每个人、每个企业都能顺顺利利地发展，我祝福每一个商业伙伴，不管是同行也好，竞争对手也好，其实都是我们自己，世界本是一体的。

数字化带来的就是这样一个趋势，未来就是大同社会，一切都是我们内心外在的显现。

这样的商业结构才是真正的未来，借助数字化技术，"数字确权""智能契约""算力算法"，把一切商业变得更透明化、更简单、更符合人性。

当你读到这一段的时候，我猜，你会开始明白，为什么自己做企业会做得这么累，因为我们没有这颗"珍贵的心"，我们欲望太多了，想要的东西太多了，外在乱七八糟、生不带来、死不带去的东西太多了，都挂在自己身上。

与我同行吧，在数字化的世界中去做一些有意义的事，我已经看到了前方那光明大道，一起修习传统文化，一起迈入那珍贵的心灵港湾。

三、共同富裕：打造数字智能化社会新基石

实现"共同富裕"是社会主义的本质要求，强调团结合作、公平分配和社会和谐，旨在确保所有人公平地分享社会发展的成果。

其实在我看来，"共同富裕"就是回归到最初的"为人民服务"这件事情上。它涵盖了经济、社会和文化的多个层面。共同富裕一定是世界的终极走向，也是大同社会的核心愿景。

共同富裕不仅意味着财富均等，更重要的是机会和权利的公平；不仅强调物质领域的共享，而且涵盖了精神性的富裕和全面发展。

随着科技的飞速发展，我们所有人共同生活在一个被数字技术和智能化应用所包围的世界中。科技已经成为我们日常生活的一部分，不仅改变了我们的生产生活方式，也在推动社会构架的改变。

然而，为达成"共同富裕"这一目标，我们需要构建一种新型的社会基础设施——数字化智能社会。

数字化是一个深远影响我们生活方式的全球性趋势。在中国，政府

正在积极推动数字化转型，提升公共服务水平，实现社会公正和普惠。

例如，中国政府推出的"数字人民币"直接影响到每个人的生产和消费方式，使得支付更为便捷，也为社会公平贡献了一份自己的力量。

而智能化也是本次科技革命的核心。人工智能让我们的生活更加便捷，也是推动经济发展的一大动力。如通过大数据分析，AI 能帮助农民精准种植并提高产量，这将有效解决城乡差距问题，推动城乡共同富裕。

AI 也正在改变教育领域，通过机器学习和大数据分析，学校可以对学生进行个性化教学，确保每一个学生都有充分的发展机会。

数字智能化社会的新基石不仅需要科技的推动，也需要全社会共同参与。只有每个人都能接受并运用新的科技知识，我们才能在更大范围内实现共同富裕的目标。

因此，科技教育和普及是硬任务，中国已经意识到了这一点，并正积极推进科技教育，以培养更多的科技创新人才。

这些都将逐步打造一个普惠公正的数字智能化社会，在政策推动和科技引导下，我们将真正实现"共同富裕"的理想。

未来共同富裕的社会，将是一个产权清晰、规则公正、竞争有序的世界。每个人都在明确的权益保护下参与到竞争中来，通过自身的努力实现价值。

同时，社会数字网络的健全，保证了基本生活需求和公共服务供给，通过提供及时有效的帮扶，让每个人都有更好的社会发展机会。

在这样的社会中，数字技术和人工智能将发挥至关重要的作用。数据的透明度和可获取性，将为公众提供更多有效信息和平等的决策机会，使得决策过程更加公正和公开。

人工智能的高效与准确，则大大提升了社会运转效率，使得资源能够合理配置，提高了整个社会的生产力和创新力。

共同富裕的社会还将是一个环保和可持续的社会。特别是在商业、教育、医疗、社保等公共服务方面，大家将享有均等化的便利，通过数字化和智能化的管理方式，服务将更公平、更高效，资源的配置将更加合理，从而实现绿色低碳、可持续发展。

未来，我们将看到城乡间不再有鸿沟，科技的利益全部给公众共享，人们享有平等的发展机会和基础生活保障。

所以，我想做的是这个社会的托起者，把我毕生所学和我 30 年所累

积的知识和能力传递给每个人。

大家可以借助我的平台，去更广阔的大海里创造属于自己的价值。

我觉得这或许就是我对社会所做的一点点贡献，在这个过程当中，我培养的人，帮助他的企业获得了增长，他的企业服务了更多的客户，让客户受益，而这三方都能创造更好的效益，从而获得更多的财富增长，这是不是就是"共同富裕"呢？

我设计的三方共赢模式——员工好了、企业好了、客户好了，最后政府也好了，政府有税收，客户受益，企业有利润，员工有收入，给社会稳定提供了更好的解决方案。

所以，这种共同富裕的社会，将是更加和谐、包容的，不论是经济发展，还是精神传承，都将建立在公平公正的基础上，共同富裕的社会是一个为全体公民提供平等机会、保障基本生活、实现可持续发展、共享科技成果的社会。

打造数字智能化社会新基石，可以助力我们实现共同富裕这个目标，我们应抓住数字化和智能化的机遇，努力推进科技普及和教育，这需要全社会的共同努力，这也是新时代社会公正、公平、公开的基石。

四、全球之道：提升人类生活质量的全球性智慧

在我们共同的地球家园中，人类是一个命运共同体的大家庭。尽管我们的文化、信仰、生活方式和经济条件可能存在差异，但提升人类生活质量的目标是我们的共识。这是一条全球之道，需要我们探索和实践的普世性智慧。

首先，我们必须对"生活质量"有一个全面而深入的理解。它不仅包括物质生活的丰富和舒适，更包括健康、教育、环境、安全、公正、和谐、爱和尊严等各个方面。提升生活质量，意味着我们需要在科技发展和经济增长的同时，关注和改善这些领域。

其次，我们需要将自己看作地球的一部分，将环境保护纳入生活质量的框架中。我们需要关注气候变化，保护生物多样性，尊重自然，实现人与自然的和谐共生。只有当我们开始负责任地对待自然环境，才能确保我们的未来和子孙后代的未来。

最后，提升生活质量还意味着我们需要在全球范围内建立更公正、公平的经济和社会制度。我们需要打破地域、性别、种族、信仰和经济地位的障碍，确保每个人都有机会实现自己的潜能，并公平地分享社会的成果。

这种普世性智慧需要我们跨越国界、文化和语言的分歧，共同面对人类共同的挑战。它要求我们建立新的全球伙伴关系，共享知识，共享资源，共享责任，共享未来。

我思考了提升人类生活质量的 6 个方向。

1. 关爱地球。

像对待自己的家一样，照顾好我们的地球。节约资源，减少废弃物，倡导和实践可持续生活方式。警语："地球是我们共同的家，保护它就是保护我们自己。"

2. 追求知识。

持续学习和教育是提升生活质量的重要途径。不断探索和挖掘知识，向前人和同行学习，创新思考。警语："知识就是力量，学习是生命的源泉。"

3. 关注健康。

保持身心健康，定期运动和检查，关注精神健康，寻求平衡的饮食和生活方式。警语："身体是革命的本钱，健康是生活的资本。"

4. 公平公正。

尊重他人的权利，倡导公平公正的社会制度，反对歧视和偏见，提倡和平与理解。警语："人人平等，公正是社会的基石。"

5. 合作共享。

携手他人，与他人共享资源和知识，建立良好的社会关系，推动社区的繁荣。警语："合作共赢，共享是社会的润滑油。"

6. 实践创新。

勇于实践，敢于创新，挑战自我，持续提高，用行动来改变世界。警语："行动胜于言语，创新是改变世界的钥匙。"

每一个微小的行动都有可能产生重大的影响。只要我们每个人都能将这些智慧警语内化为自己的行动准则，我们就有可能实现提升人类生活质量的共同目标。

这是一条全球之道，是我们每一个人的责任和机会。每一次科技的突破，每一次社会的进步，每一次个人的努力，都是我们向这个目标迈进的步伐。让我们在提升人类生活质量的道路上，共同探索和实践这种普世性的智慧，创造一个更美好的未来。

五、终极探索：链接时空构建智慧场域

随着科技的快速发展，人类渴望回归内心的宁静，寻找真正的自我。

而在知识的海洋中，我们总是处于永无止境的探索之旅中。

我们探索过科学的奥秘、历史的深渊，也曾想象过艺术的边界，现在，我们即将踏上一个更为宏大的征程——"在数字化的领域进行终极探索，借助元宇宙技术构建时空智慧场域"。

想象一下，在全面数字化的未来，我们可以像遥控器一样切换数字时空，那么过去、现在和未来将在你的掌握之中。你可以瞬间穿梭到恐龙时代，见证生命的诞生与衰亡；也可以到达遥远的未来，揭示那些隐藏在时间面纱下的秘密。

在这个智慧的数字场域中，我们可以让知识、思想和创新连续不断地沿着时间轴流动，形成一个时空知识网。过去的智慧不再沉默，现在的发现不再孤立，未来的想象不再遥远。这个场域将吸引无数的思想家、科学家和探索者，他们将在这个网络中留下自己的痕迹，为后来者提供新的启示和灵感。

然而，构建这样一个场域并非易事，它需要我们克服许多挑战。我们需要找到一种方式来链接数字时空，我们需要创造出一种可以承载海量信息和知识的容器，我们需要发展出一种可以处理复杂思维和创新的智慧工具。但是，无论这个任务有多么困难，我们都将一往无前。

为了这个目标，我们会像星际旅行者一样，携带着好奇和勇敢，跨越未知的时空。我们会像伟大的建筑师一样，用智慧和创新来雕刻这个场域的蓝图。我们会像狂热的探索者一样，用心跳和热情来感知这个场域的脉搏。

让我们一起启程，链接时空，构建智慧场域。在这个过程中，我们将不仅仅是探索者，更是创造者。我们将开辟出一条新的探索之路，引领每个人进入一个全新的知识世界。

先跟着我一起领略地球的美好山河，让我们一起踏上这次终极探索的旅程，打开未知的大门，揭示那些隐藏在时空之中的秘密，释放出属于我们自己的智慧光芒。

在未来，利用数字化技术，可以想象，我们一起进入特殊的智慧场域内，无数的人们聚集在一个巨大的会场中。他们身穿舒适的衣服，彼此之间保持距离，然后开始静坐。随着时间的流逝，整个会场陷入了深深的寂静。在这片静谧之中，每个人都开始进行深度的冥想。

冥想的力量开始在时空中穿梭。人们仿佛可以跨越时间的束缚，回到过去，或是预见未来。在这个过程中，他们的智慧得到了升华，他们开始理解生命的真谛，体悟宇宙的奥秘。

在这个场域中，时空的边界变得模糊。过去的知识，现在的思考，未来的设想，在这片智慧的海洋中交融、碰撞。每个人仿佛都与宇宙建立了一个神秘的链接，他们的思维超越了肉体的限制，直达宇宙的深处。

这种冥想的力量，不仅仅是对个人的升华，更是对整个人类文明的进步。当人们从冥想中醒来时，他们的眼神充满了光芒，仿佛刚刚经历了一场魔幻的旅程。他们不再为物质所困，不再为日常琐事所扰，他们的内心充满了宁静和智慧。

这不仅仅是一个冥想的实践，更是一个人类智慧升华的过程。在这个特殊的场域中，每个人都成一个真正的探索者，他们在时空中穿梭，寻找生命的真谛，体悟宇宙的奥秘。

这是一个充满神秘和魔幻的旅程，每一次的冥想，都是一次对自我和宇宙的探索。在这个过程中，我们不仅仅是旁观者，更是参与者。我们在时空中穿梭，链接各个时代的智慧，构建一个属于我们自己的智慧场域。这是一个充满希望和无限可能的旅程，等待我们去探索，去体验，去升华。

"构建时空智慧场域"，这将是我们人类数字化历程的新篇章，也将是我们通向未知的新道路。在这条道路上，每一步的探索都将塑造我们的未来，每一次的链接都将丰富我们的智慧。这是一个充满希望的未来，等待我们去探索，去链接，去构建。

后记

在数字化浪潮的汹涌澎湃中，我们站在时代的前沿，审视着一个全新的产业革命——新质数字生产力的崛起。这不仅是技术的革新，更是思维和文化的重塑。《数字化颠覆者》一书，正是在这样的背景下，应运而生。

私域军校，作为全创集团旗下的创新项目，它不仅是一个培养人才的平台，更是一个引领变革的灯塔。它代表着一种全新的教育模式，一种以实践为核心，以创新为驱动的人才培养机制。私域军校，是年轻人展现才华的舞台，是他们实现梦想的摇篮。在这里，年轻人可以学习最新的数字化技能，可以与行业专家交流，可以参与到真实的项目中，可以在实践中成长。

全创集团不仅仅是一家教育机构，更是一个生态系统，一个创新的社区，一个连接全球资源的平台。数字化人才是未来最大的财富，而引领这批人才的企业家更是企业的灵魂。心怀壮志，方能成就伟业。全创集团鼓励每位数字化颠覆者以全球视野审视自己的事业，这不仅是我们的使命，更是每位企业家的担当。

站在全球的视角，我们看到了中国在数字化转型中的积极作为，看到了中国对全球产业变革的贡献。中国以其独特的文化和智慧，正在成为全球数字化转型的引领者。

从产业的视角，我们看到了数字化对各行各业的深远影响。全创集团正是站在产业的高度，为行业培养具有前瞻性思维和创新能力的人才。它将帮助年轻人更好地理解产业发展趋势，把握行业脉搏，成为行业的领军人物。

从行业的视角，我们看到了企业在数字化浪潮中的挑战与机遇。全创集团站在企业的角度，培养能够引领企业走向未来的数字化人才。它将帮助企业构建数字化战略，推动企业的数字化转型。

从企业的角度，我们看到了产品在数字化时代的新价值。全创集团将以全新的产品视角，培养能够洞察用户需求，创新产品设计的人才。它将帮助企业打造符合市场需求的数字化产品，提升产品的竞争力。

最终，我相信，全创集团将：

成为全球客户信赖的伙伴，

成为全球行业的行为典范，

成为全球公众信赖的品牌，

成为全球员工的最佳雇主。

　　而隶属于全创集团的私域军校正走在时代的前沿，正培养出一批又一批的数字化颠覆者，他们将用新质生产力，推动社会的进步，促进经济的发展，改善人们的生活。他们中的佼佼者们终将成为数字化时代的领航者，成为推动世界向前的力量，引领我们进入一个更加繁荣、智慧、和谐的新时代。

胡浩岩

2024.5.31